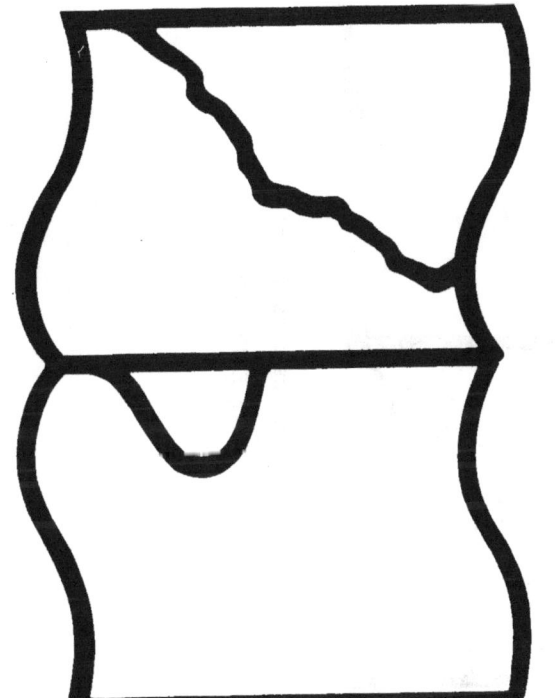

Texte détérioré — reliure défectueuse

NF Z 43-120-11

Contraste insuffisant
NF Z 43-120-14

CONTES
DE BRETAGNE

Grand in-8°, 1re série, bis

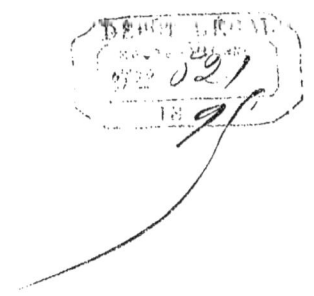

PROPRIÉTÉ DES ÉDITEURS

CONTES

DE

BRETAGNE

PAR

PAUL FÉVAL

ILLUSTRATIONS DE CASTELLI, GRAVURE DE GUSMAN

LIMOGES
Marc BARBOU et Cie, IMPRIMEURS-LIBRAIRES
Rue Puy-Vieille-Monnaie

1894

La Veillée.

A MES ENFANTS

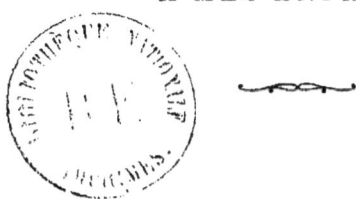

Votre bien-aimée mère est de Paris ; moi je venais de ces campagnes où les carrefours des chemins sont marqués par des croix de granit, mais ce sont les prières de votre mère Parisienne qui ont mis votre père Breton à genoux devant la Croix.

Moi aussi j'avais une bonne mère qui prie pour vous dans l'éternité. Je n'ai pu relire et corriger ces vieilles pages que je vous donne, sans renaître aux souvenirs de ma jeunesse. J'ai revu l'ombre des grands chênes, j'ai entendu la voix de l'Océan, familière à mes premiers jours, et en regardant loin, hélas ! bien loin, j'ai retrouvé le sourire si bon de ceux qui me disaient, quand j'étais tout petit : « Ecoute ta mère. »

C'est un pays de bravoure que le nôtre ; les gens y meurent pour leur foi. J'écoutais ma mère qui m'apprenait à servir la France et à aimer Dieu par dessus toutes choses.

J'ai eu des jours de grand malheur où j'ai oublié Dieu, jusqu'à un autre jour de grand, de cher bonheur, où votre mère me montra le ciel en me disant aussi : « Ecoute ta mère. »

Et j'obéis comme autrefois, et une voix descendit qui me parla. Et la consolation miraculeuse entra dans le vide de mon cœur...

Qui donc avais-je entendu ? Dieu, ou ma mère ?

Mes enfants, mes chers enfants, écoutez votre mère, et vous entendrez Dieu.

C'est Job-Misère, disait-on, notre ami Job.

INTRODUCTION

Ceux qui ont voyagé par les sentiers étroits, mêlés, croisés, qui se coupent, qui se bifurquent, qui se replient sur les landes du pays de Redon, comme le volumineux et bizarre paraphe d'un garde-notes de l'ancien régime, ont pu rencontrer parfois le vieux Jobin de Guer, que les bonnes gens de l'Ille-et-Vilaine appellent indifféremment Job-Misère, ou Job le Rôdeur.

Jobin est pauvre. Il ne possède en ce bas monde qu'une vieille gibecière de filet qui lui sert de besace, une médaille d'étain portant gravées les armes de M. le marquis de la ***, et un grand bâton jaune.

Il n'a point de parents pour soutenir ses vieux jours, point de gîte où reposer sa tête grise.

Sa vie est celle du Juif-Errant. Il marche, il marche toujours, ne couchant jamais deux nuits de suite sous le même toit ; partant dès le matin et ne s'arrêtant que lorsque le soleil s'est caché derrière l'horizon. Mais il n'a pas toujours dans sa poche les cinq sous de la légende, et au contraire du cordonnier Isaac, il est bon chrétien autant que pas un.

La première fois que nous le rencontrâmes, c'était dans la vaste lande de Renac ; le soleil couchant ne montrait plus que la moitié de son disque derrière les rouges bruyères du bourg des Bains.

Jobin de Guer marchait devant nous à une centaine de pas de distance. Les rayons du soleil, obliques et presque parallèles au plan de la lande, envoyaient son ombre jusqu'à nous. Il allait, arpentant le chemin d'un pas grave et ferme encore. Les profils de sa grande taille que le couchant dessinait en lignes brillamment empourprées, atteignaient, grâce à ce jeu de lumière, des proportions presque fantastiques.

Nous étions jeune ; la main d'un ami nous attendait, ouverte, au bout du voyage ; nous rejoignîmes bientôt le pauvre Job, qui était bien vieux, lui, et qui, de quelque côté que tournât sa course, n'espérait plus toucher, le soir venu, la main d'un frère.

Il s'arrêta, souleva son chapeau de paille dont les bords retombaient en forme de parapluie, et nous jeta le patriarcal salut des campagnes bretonnes :

— Dieu vous bénisse, notre monsieur.

Rarement avons-nous pu admirer une tête de vieillard plus digne, plus belle, plus vénérable que celle de Jobin de Guer. A coup sûr, il ne pouvait perdre à être vu de près. De longs cheveux blancs s'échappaient en mèches légères et diaphanes des vastes bords de sa coiffure, et venaient encadrer un visage du plus fier modèle. Son front large, où ne se voyait qu'une seule ride horizontale ressemblant à une cicatrice, s'évidait insensiblement aux tempes pour laisser ressortir les pommettes de ses joues : signe certain d'origine armoricaine. Son nez aquilin gardait une courbe harmonieuse ; sa bouche avait une expression de douceur bienveillante ; ses yeux bleus, austères et timides n'avaient point perdu avec l'âge ce rayon de feu que les poëtes disent être un reflet de l'âme, et sans lequel les plus beaux traits sont frappés d'inertie.

Quand il venait à sourire, tout cet ensemble s'animait soudain ; on devinait les jours passés d'une jeunesse active, heureuse, brillante peut-être, sous ce funeste et terne enduit que jettent les années sur tout ce qui fut jeune, heureux et brillant.

Par hasard, ce soir-là, Jobin de Guer allait au lieu où je me rendais. Nous fîmes route ensemble.

Il parla peu, mais chacune de ses paroles eût mérité d'être recueillie. Jobin était un vrai philosophe, bien qu'il ne sût pas poser d'ambitieux et sonores axiomes. A l'écouter, on s'instruisait, on devenait meilleur.

Lorsque nous arrivâmes à l'avenue du château de *** où nous devions nous séparer, les enfants de la ferme aperçurent Job, qui fut aussitôt entouré, fêté, embrassé, presque porté en triomphe.

— C'est Job-Misère ! disait-on ; notre ami Job !

Et les plus grands ajoutaient :

— Job qui sait conter de si belles histoires !

Au château, je demandai des détails sur Jobin de Guer. Ceux qu'on me donna furent vagues. Nul ne sut jamais bien l'histoire du vieux Job, et lui-même semble vouloir laisser sa vie passée sous le voile.

Le peu que j'appris se réduit à ceci :

Avant la révolution, Job avait été compagnon d'enfance du marquis de la ***, dont il avait partagé les jeux et les leçons. Plus tard, lorsque la Bretagne se souleva contre la République, il se fit chouan.

Et ce fut, dit-on, un terrible chouan !

Plus tard encore, il émigra en même temps que son ami et maître le marquis de la ***, mais Job était fait pour les landes de Bretagne, et ne sut point vivre en un autre pays. Il revint un beau jour sur une barque jersiaise, et commença la vie qu'il a toujours menée depuis lors.

Ce n'est pas un mendiant. Il ne demande rien ; bien plus, il n'accepte rien, si ce n'est le gîte et le repas. Quand sa blouse, usée par un trop long service, tombe en lambeaux, le marquis de la *** lui donne une blouse neuve.

Les paysans lui offrent une botte de foin dans la grange, l'été ; l'hiver, un coin de la salle commune et place à table.

Il paie cela en histoires racontées aux veillées.

Job est en effet un merveilleux conteur. Nous l'avons entendu bien souvent durant de longues heures. Lorsqu'il se taisait, nous croyions qu'il venait seulement de prendre la parole.

Si les récits qu'on va lire semblent ternes et décolorés, qu'on ne s'en prenne point à lui, mais à nous. C'est lui, hélas! qu'il faudrait entendre avec sa voix pleine et sonore, son geste éloquent, sa pantomime inimitable. Pendant qu'il parle, chacun se tait ; on craint de se mouvoir ; on ne respire pas. Chaque intelligence est suspendue à sa parole ; il est l'âme de tous ces corps qui ne sentent, qui ne vivent que par lui.

Lorsqu'il mourra, — et il est bien vieux ! — ce sera un jour de deuil pour trente paroisses. Les enfants l'attendront en vain, cherchant, à l'horizon, sur la lande, sa haute et sévère silhouette, et se demandant pourquoi Job-Misère est si longtemps à revenir. Les jeunes filles seront tristes en songeant à ces belles histoires qui les faisaient sourire et pleurer. Les garçons se souviendront des nobles batailles qu'il savait si bien raconter.

Car Job-Misère a des contes pour tous les âges et pour tous les goûts. Les quelques récits qui vont suivre sont un atôme dans son vaste répertoire. Peut-être y puiserons-nous de nouveau quelque jour. En ce siècle de plagiat, personne ne se gêne, et le pauvre Job-Misère est trop fier, trop charitable et trop sensé pour nous intenter jamais un procès en contrefaçon.

Job-Misère.

LE JOLI CHATEAU

Le joli château.

LE JOLI CHATEAU

CHAPITRE PREMIER

MAITRE LUC MORFIL

Ceci est une vieille histoire. Les bonnes gens la racontent le soir aux veillées, quand ils ne se souviennent point d'un conte meilleur. Les nourrices dont le bras se lasse à force de bercer s'en servent, en guise d'opium, pour endormir les petits enfants. C'est un rudiment de « nouvelle, » un récit comme on en pouvait faire, au fond des pauvres campagnes, cent ans avant que le « feuilleton » fût inventé.

Il était une fois un gentilhomme qui avait nom M. de Plougaz. Il était seigneur de Coquerel, Coatvizillirouët, Kerambardehzre et autres lieux. Son château de Coquerel était bien le plus beau qu'on pût voir à dix lieues à la ronde et même plus loin. On en parlait en Bretagne et aussi à Paris. Le roi disait souvent :

— Je voudrais bien voir le château de M. de Plougaz.

Mais le roi avait des occupations, et ce château était fort loin de chez lui, puisqu'il s'élevait sur une charmante petite colline, toute verte et toute fleurie, entre la ville de Dinan et le bourg de Bécherel. Ces deux causes réunies firent que le roi ne vint jamais au château de M. de Plougaz.

A défaut du roi, les visiteurs ne manquaient point. Le vieux Plougaz, hospitalier de sa nature, et tenant table bien servie, n'aimait pas à manger seul le poisson de ses étangs ou le gibier de son parc. C'était presque tous les jours fête nouvelle au château de Coquerel. On y buvait, on y riait, on y dansait ; la grande porte restait toujours ouverte et Plougaz se vantait de n'avoir jamais repoussé qu'un hôte dans sa vie.

Cet hôte était le chagrin.

Le maître de Plougaz n'avait point de famille. Sa femme, Nannon du Brec de Batz, était morte depuis tantôt dix ans, et son fils unique, Arthur de Plougaz, était on ne savait où, en Palestine peut-être, défunt ou captif des infidèles, ce qui était tout un. Le bon seigneur n'espérait point le revoir, et n'y pensait guère, il faut le dire. La chasse, la table et le jeu, car il était beau joueur et joueur entêté, ne lui laissaient point le loisir de s'occuper de semblables bagatelles.

Il n'avait pas non plus le temps de s'occuper de ses affaires. Maître Luc Morfil, son intendant, y songeait pour lui, et n'y épargnait point sa peine.

Ce maître Luc était un petit homme, Normand de naissance, qui souriait toujours et plaisait à chacun pour sa mine simple et débonnaire. Il pouvait avoir quarante ans passés. Tout autour de ses petits yeux gris, sa gaieté habituelle avait creusé une multitude de rides ténues qui convergeaient au coin de sa paupière, et s'en allaient ensuite, sur la tempe et la joue, former ce joyeux éventail que l'usage a baptisé « patte d'oie. » Ses pommettes étaient roses et saillantes, mais l'embonpoint avait fait disparaître tout ce que cette saillie pouvait avoir d'anguleux et de heurté : sa joue tombait lisse et molle en ses contours, de manière à rejoindre fort harmonieusement le double bourrelet de son menton. Son nez court et recourbé, semblait n'avoir été qu'ébauché par la main du Créateur. Ses narines, en effet, surabondamment échancrées, laissaient descendre solitairement le cartilage intérieur, qui formait un angle obtus avec la lèvre supérieure, et semblait faire effort pour diminuer, autant qu'il était en lui, l'énorme distance qui séparait ces deux traits, voisins et amis d'ordinaire : le nez et la bouche. Sa bouche était toute normande : mince, plate et blanche : mais une ride circulaire, second résultat de l'heureuse gaieté de maître Luc, corrigeait ce léger défaut de forme, et donnait au bas de sa figure l'expression la plus attrayante.

Tel était, au physique, l'intendant de M. de Plougaz. Au moral, c'était le meilleur cœur du monde : promettant sans cesse et ne tenant jamais ; offrant ses services à chacun, suppliant les gens d'avoir recours à sa bourse, mais se réservant la faculté d'éconduire ceux qui, par hasard, cédaient à ses instances ; menteur comme un païen, peureux plus qu'un lièvre, et larron jusqu'au bout des ongles.

Aussi, après le jeu, la table et la chasse, ce que M. de Plougaz aimait le plus ici-bas était son château de Coquerel. Après le château, c'était maître Luc Morfil, son intendant.

— Maître Luc, disait le vieux seigneur, est la perle des intendants. Il m'a dit, une fois pour toutes, que j'excède chaque année mon revenu de vingt mille livres environ. A la Pentecôte, il me fait signer la vente d'un fief ou d'une futaie ; c'est convenu ; je signe et ne lis point. Un autre me rebattrait les oreilles de doléances fâcheuses : il me dirait dix fois par jour que je me ruine... maître Luc me ruine et ne me le dit pas, ce qui est un notable avantage.

Comme on voit, M. de Plougaz était un vieillard de bon sens.

Outre le châtelain, maître Luc et une armée de valets, il y avait au manoir un autre habitant de quelque importance. Ce dernier, qui se nommait Pluto, était un vieux chien-loup de taille gigantesque, dont l'intendant avait fait son hôte et son commensal. Contre l'ordinaire des chiens, Pluto ne se montrait point reconnaissant envers son bienfaiteur. Il grognait sourdement chaque fois que l'intendant passait la main sur sa rude fourrure, et ses larges yeux flamboyaient alors d'une terrible façon. A cause de cela, maître Luc l'aimait et se disait :

— Cet animal a du bon. Mieux je le traite, plus il me hait ; ainsi fais-je à l'égard de M. de Plougaz : nous nous ressemblons, Pluto et moi.

Maître Luc se trompait, et faisait grande injure à Pluto. Pluto n'était point un ingrat ; c'était tout simplement un chien dégoûté du monde, et que le chagrin avait fait misanthrope. Pluto, aux jours de son adolescence, avait été un chien digne d'envie. En ce temps, son maître, le jeune sire Arthur de Plougaz, le menait faire de longues promenades sur les hautes collines de Bécherel, ou du côté de Dinan, le long des rives enchantées de la Rance. Pluto était alors sans soucis ; il courait joyeux par les chaumes, et bondissait follement pour saisir au vol les alouettes, il chassait les lapins dans le taillis, et soutenait contre les blaireaux de longs et acharnés combats. C'était l'âge d'or ; Pluto avait deux ans.

Pendant qu'il s'ébattait ainsi, son maître lâchait la bride à son cheval, et allait au hasard. Arthur était un vaillant et robuste jeune homme : à vingt ans, il avait déjà gagné de l'honneur dans plus d'une passe d'armes, et les nobles dames admiraient fort sa galante tournure quand il faisait caracoler son cheval sous leurs balcons de granit. Arthur était beau, noble et riche ; il était l'héritier unique de Coquerel et de Coatvizillirouët aussi, et encore de Kerambardehzre, sans parler des autres fiefs de M. de Plougaz. Pourtant, il semblait triste ; on ne voyait point souvent sa lèvre sourire, et son grand œil noir s'entourait d'un cercle bleuâtre, qu'on eût dit creusé par les larmes.

Il allait, solitaire et pensif, sur les côteaux boisés de Bécherel ou sur les blanches grèves de la Rance ; il allait, la tête basse et le corps affaissé. Pluto avait beau aboyer ou bondir, Arthur ne le voyait point, perdu qu'il était dans sa rêverie. A quoi rêvait-il ainsi ? Nul ne le savait.

Quelques-uns disaient qu'il avait dérangé le sabbat des « chats courtauds (1) » sur la lande d'Evran, et que ces malins démons lui avaient percé le cœur d'un coup d'aiguille. D'autres prétendaient qu'il avait tordu à rebours le linge diabolique des « laveuses de nuit (2). » D'autres enfin

---

(1) Ce sont des chats de taille extraordinaire qui tiennent conseil, vers minuit, sur les *échaliers* de la Haute-Bretagne. Ils sont fort méchants, et n'aiment point à être dérangés. Quand un intrus trouble leurs graves entretiens, ils l'entourent et lui font subir mille avanies. Ensuite, le président du conseil se munit d'une longue aiguille et l'enfonce dans le cœur du patient, qui devient hypocondriaque et dépérit lentement.

(2) Démons femelles qui blanchissent, au clair de lune, le suaire des morts. Quand un

C'était presque tous les jours fête nouvelle au château de Coquerel. (P. 18.)

avançaient que l'esprit du mal en personne le suivait partout et toujours sous la forme de son chien-loup Pluto.

Quoiqu'il en fût, le jeune M. de Plougaz devenait tous les jours de plus en plus mélancolique.

voyageur attardé passe à leur portée, elles le saisissent et le contraignent à tordre le linge avec elles. Ce n'est point là chose facile; les laveuses, en effet, ont une façon de s'y prendre qui allonge indéfiniment la besogne. A mesure que le malheureux s'épuise à tordre en un sens quelconque, elles détordent avec une merveilleuse promptitude, et sans se lasser le moins du monde. Le voyageur cependant sue sang et eau, le tout en vain ; pour le consoler, celles des laveuses qui ne fonctionnent pas se prennent à chanter une bizarre et sauvage chanson en patois breton-français; deux couplets de ce chant étrange nous restent en mémoire. Nous les traduisons en langue de romance :

> Tords la guenille, tords
> Le suaire
> Des épouses des morts !
>
> Tords, toujours ! l'ossuaire
> A mis de la poussière
> A nos robes de deuil ;
> Or, Satan veut ses filles
> Proprettes et gentilles,
> Aux planches du cercueil.
>
> Tords la guenille, tords
> Le suaire
> Des épouses des morts !
>
> Tords ! la fontaine est claire,
> Et coule, solitaire,
> Sur le luisant caillou.
> Tords! allons! tords plus vite !
> La nuit marche et nous quitte,
> Tords ! nous tordrons ton cou !

Après cette promesse flatteuse, les lutins se prennent par la main et commencent, toujours chantant, une ronde infernale. Le malheureux tord toujours. Autour de lui, la danse diabolique tourne avec une prestigieuse rapidité. Bientôt, il tombe épuisé ; ses yeux éblouis se ferment ; son gosier trouve à peine une parole pour recommander son âme à Dieu!

S'il a la force de faire le signe de la croix, les démons s'évanouissent. S'il ne peut, les laveuses cessent subitement leurs danses et se mettent à le fouetter avec leur linge tordu.

Un matin, il fit seller son meilleur cheval et vint vers son père.

— Monsieur mon père, dit-il, je veux aller faire la guerre aux Sarrasins.

Le vieux Plougaz trouva l'idée fort simple et répondit :

— Va trouver maître Luc et demande-lui quinze cents livres. Je te donne ma bénédiction.

Maître Luc compta les cinq cents écus, et les remit à Arthur.

— Monseigneur, dit-il la larme à l'œil, vous allez donc nous quitter?

— Il le faut! répondit Arthur d'une voix sombre.

— Et, s'il m'est permis de vous faire une question, pourquoi cela, mon bon seigneur?

— Parce que... cela est étrange, mais vrai... chaque nuit, une voix terrible éclate à mon chevet et me commande d'aller combattre les Sarrasins.

— Ah! bah! dit l'intendant d'un air incrédule.

— J'ai désobéi trop longtemps : aujourd'hui je pars.

Maître Luc sourit dans sa barbe et appela les bénédictions du ciel sur son jeune seigneur.

Quand Arthur fut parti, maître Luc se frotta les mains.

— Les infidèles, grommela-t-il, ont, dit-on, de bons bras et d'excellents cimeterres; notre jeune seigneur laissera ses os en Judée, et moi, j'aurai le joli château de Coquerel.

A ce dernier mot, ses yeux gris brillèrent d'un subit éclat.

— Le joli château! répéta-t-il en caressant son menton; cela vaut bien la peine de m'être levé toutes les nuits depuis six mois pour jouer le rôle de fantôme et ordonner à ce jeune fou d'aller se faire tuer en Palestine! Luc Morfil, seigneur de Coquerel! hé! hé! cela sonne!

On entend au loin le bruit de ces verges humides frappant contre la chair. Les paysans écoutent, effrayés, et se coulent sous leurs couvertures.

Le lendemain, au bord de la mer, on trouve un malheureux perclus et meurtri. Les laveuses sont retournées dans la tombe, pour recommencer la nuit suivante, s'il fait clair de lune, leur funèbre besogne. Dieu vous garde de leur rencontre, quand vous cheminerez, de nuit, par les routes solitaires de la Bretagne!

Comme Arthur passait le seuil de la cour du château, un hurlement plaintif de Pluto lui fit tourner la tête. Pluto était attaché.

— Adieu, toi aussi, pauvre Pluto, murmura Arthur. La route est trop longue pour que je t'emmène avec moi.

Il piqua des deux, et son cheval partit au galop.

Pluto se rua et tira sa chaîne de toutes ses forces ; il essaya de la broyer avec ses dents. Quand son cou se fut ensanglanté à force de tirer ; quand ses dents, brisées, tombèrent de sa gueule, il se coucha et pleura silencieusement. Depuis, on ne le vit jamais plus bondir après les alouettes ni courir joyeusement sur la lande. Il devint morne et grondeur. Les valets de M. de Plougaz lui auraient certes fait un mauvais parti s'ils n'eussent eu peur du rouge rayon que lançait parfois son œil irrité.

Il y avait douze ans qu'Arthur était parti. Pluto restait triste. Il avait aimé son jeune maître, et il demeurait fidèle à la mémoire d'Arthur.

Pendant ces douze années, maître Luc avait rempli comme il faut son devoir d'intendant. Jamais M. de Plougaz n'avait trouvé ses coffres vides. Seulement, de temps à autre, un domaine tenu par ses ancêtres était tombé en mains étrangères, si bien qu'il ne possédait plus de fait que les trois fiefs dont il portait le nom.

— Lequel préférez-vous vendre de Coatvizillirouët, de Kerambardehzre ou de Coquerel? demanda une fois l'intendant.

Plougaz pâlit.

— En sommes-nous là déjà? murmura-t-il.

Mais il se remit aussitôt, et ajouta gaiement :

— A quoi bon trois châteaux, maître Luc? Vends Coatvizillirouët. Ce manoir a un nom ridicule, je n'en veux plus!

Le manoir fut vendu. Maître Luc fit, suivant sa coutume, deux parts égales du prix. Il mit l'une dans les coffres de son seigneur, et l'autre dans une vieille armoire de fer où il accumulait le fruit de ses malversations. Quand il eut bien et longtemps comtemplé le monceau d'or qui faisait gémir les rayons de la vieille armoire, il prit ses registres de compte et se perdit dans de longs calculs.

La nuit le surprit tandis qu'il se livrait à cette occupation. Il mit la main sur son registre, dont il ne pouvait plus distinguer les caractères, et tomba dans une profonde rêverie.

— Coquerel! murmura-t-il, mon beau Coquerel! mon joli château! Quand donc serai-je seigneur et maître de Coquerel? Plougaz se ruine, c'est vrai, mais je me fais vieux, moi. Si j'allais mourir avant de posséder Coquerel!

A cette pensée, une ride profonde se creusa sur le front de l'intendant, sa physionomie changea subitement d'aspect, et exprima un désir passionné soutenu par une indomptable détermination.

— Je l'aurai, reprit-il en s'animant; oh! je l'aurai; je n'ai pas passé trente ans de ma vie à me repaître de ce rêve pour le voir fuir devant moi sans cesse comme une vaine illusion. Je l'aurai! dussé-je y perdre mon âme!

Ceci était une exclamation de Normand, car l'âme de maître Luc était vendue et payée depuis longtemps. Néanmoins, il frissonna en prononçant ces derniers mots. L'obscurité qui l'entourait lui fit peur et il chercha sa lampe à tâtons.

Il y avait tempête au dehors. Le vent criait dans les grands chênes de la forêt de Coquerel et secouait violemment les forts châssis des fenêtres.

— Mon âme! grommela maître Luc en battant le briquet; après tout, je suis un bon chrétien, et le diable n'a rien à y voir.

La lampe s'alluma et maître Luc perdit sa frayeur.

— Hé, hé! dit-il en ricanant, pour quelques écus que j'ai mis de côté, ne faudrait-il pas me croire damné à tout jamais? Quant au jeune sire Arthur que j'ai envoyé mourir outre-mer...

Il n'acheva pas. Au nom d'Arthur, Pluto, qui était couché près du foyer, se dressa sur ses quatre pattes, tendit le cou et regarda fixement maître Luc, puis il fit entendre un long et plaintif hurlement.

— Sans doute, sans doute, mon garçon, dit l'intendant. Tu en sais bien plus long que bien des hommes et si ta langue pouvait parler, je ne donnerais pas six deniers de mon cou. Mais tu es muet, mon ami; ce n'est pas toi qui dira que la voix mystérieuse dont les conseils ont poussé le jeune sot à partir de la maison paternelle était la voix de l'honnête Luc

Morfil : ce n'est pas toi qui raconteras mes innocentes fredaines. Tu m'as vu mettre dans mon armoire tout l'argent que le vieux Plougaz destinait à son fils ; mais tu seras discret, Pluto, discret comme la tombe où repose en paix le jeune sire Arthur.

Pluto poussa un second hurlement, lugubre, prolongé, menaçant ; puis, baissant la tête comme s'il eût reconnu son impuissance, il se recoucha près du foyer éteint.

Luc Morfil.

Pluto poussa un hurlement lamentable.

CHAPITRE II

LA TOUR DU DIABLE

Maître Luc Morfil était assis dans son réduit. Le vieux Pluto dormait, les pattes dans les cendres.

Tantôt l'intendant prêtait l'oreille aux sifflements de la tempête ; tantôt il donnait exclusivement son âme à ses rêves ambitieux, et calculait combien de mois, combien d'années, il lui faudrait attendre la possession de Coquerel.

Il aimait Coquerel d'amour tendre et sincère. Il n'aimait en ce monde que Coquerel.

Il faut dire aussi que le joli château était bien fait pour inspirer une passion. C'était un manoir modèle. Entre deux ailes de style saxon, son corps de logis, coquettement coiffé d'un petit beffroi à jour, s'élevait, gris de vieillesse, mais sans rides ni lézardes, comme un chevalier de grand âge qui porte encore gaillardement son armure. Aux quatre coins, quatre tours jons, percés d'étroites meurtrières, surmontaient la haute charpente et dressaient symétriquement leurs toitures pointues. Trois cent soixante-cinq fenêtres s'ouvraient devant, derrière et par côté, ce qui donne à penser que, de nos jours, Coquerel eût été d'un très bon revenu pour le fisc. Au-dessus de la maîtresse porte deux archanges armés en guerre, soutenaient l'écusson de Plougaz, qui était de gueules à sept croissants d'argent, orlé d'hermine, et portait, — sur le tout, — le lion passant de Plugastel, dont Plougaz se prétendait issu.

L'intérieur du château répondait au frontispice ; ce n'était partout que splendides tentures de fine laine ou de soie. Les dalles de pierres disparaissaient sous d'épais tapis, formés de fourrures. Les lambris de chêne noir sculpté brillaient tout autant que le granit poli des immenses cheminées. Et quand, un soir de fête, lustres et girandoles s'allumaient ; quand un incendie, alimenté par sept ou huit troncs d'arbres, brûlait dans la vaste concavité de l'âtre ; quand la table gémissait sous le poids des mets ; quand une foule dorée emplissait les nobles salons ; quand les coupes d'or se choquaient bruyamment au dernier acte d'un festin, par saint Malo ! c'était plaisir de voir la vieille demeure étinceler et resplendir. Pas un recoin qui restât obscur, pas une voûte qui n'éveillât ses sonores échos pour mêler des notes joyeuses au joyeux fracas de la fête.

Oh ! nous vous disons vrai. Si Plougaz était le parangon des hôtes, Coquerel était le roi des châteaux.

Et maître Luc, caché en quelque coin solitaire, contemplait tristement toute cette joie. C'était pour un autre que Coquerel déployait toute sa beauté. Maître Luc était jaloux, jaloux comme ce vassal qui élève un regard audacieux jusqu'à une noble dame, et pâlit de rage en la voyant sourire à son seigneur.

— Quand donc, se disait-il alors, quand donc serai-je maître de Coquerel ?

Ce soir dont nous parlons, il se faisait, pour la millième fois peut-être, cette question, et sa réponse n'était rien moins que satisfaisante au gré de son impatience. M. de Plougaz, en effet, réduit à ses trois fiefs principaux, ne pouvait pas ne point se ruiner ; mais l'un des trois fiefs vendu, le prix restait à dissiper, et ce prix semblait à maître Luc un trésor inépuisable. Et encore une fois, la somme dissipée, le tour de Coquerel n'arriverait certes point. Kerambardehzre était là avec ses immenses futaies et ses champs fertiles...

C'étaient des années qu'il faudrait encore attendre !

Or, attendre est un cruel martyre pour une imagination active comme était celle de maître Luc.

Moitié pour se distraire de ses sombres pensées, moitié pour se donner un avant-goût des jouissances d'un propriétaire, l'intendant plongea ses deux mains dans un coffre poudreux, qui servait de chartrier aux seigneurs de Plougaz depuis l'invasion des Saxons en Bretagne, et les retira pleines de parchemins manuscrits. Au milieu de ces vénérables grimoires, dont l'aspect eût fait rugir de joie un de nos archéologues modernes, il prit au hasard un rouleau de parchemin, qu'il déplia lentement et avec distraction.

Ce parchemin était couvert d'écriture en langue bretonne, et portait, à son extrémité supérieure, ce titre fait pour exciter la curiosité du futur maître de Coquerel :

« COMMENT LA TOUR SEPTENTRIONALE DU JOLI CHATEAU
DES SEIGNEURS DE PLOUGAZ
FUT APPELÉE LA TOUR DU DIABLE. »

— La tour du Diable ! répéta Luc Morfil. En effet, les plus vieux parmi les valets de Coquerel donnent encore ce nom à la tour du nord.

Il se mit à lire avidement.

Le manuscrit racontait comme quoi, quelque quatre-vingts ans auparavant, le diable avait pris possession de la tour septentrionale et y avait établi une sorte de pied-à-terre. Le malin avait joué là quantité de méchants tours, si bien que le maître de Coquerel avait été obligé de déserter son manoir pour aller prendre domicile à Kerambardehzre. Quand le maître fut parti, Satan fit trêve, mais chaque fois qu'on revenait habiter Coquerel, Satan recommençait ses fredaines. Cela dura tant que vécut Simon Troarec, intendant de M. de Plougaz.

Maître Luc s'arrêta sur ce passage et se prit à rêver profondément

Au bout d'une grande demi-heure il releva la tête et dit :

— Cela dura tant que vécut Simon Troarec, intendant de M. de Plougaz !

Puis il reprit la lecture.

Après la mort de Simon Troarec, les apparitions et diableries cessèrent. On fit purifier en grande cérémonie les chambres ou Satan avait mené le sabbat, et tout rentra dans l'ordre. En mémoire de ce fait, la tour où se trouvaient ces chambres fut nommée la tour du Diable.

Maître Luc roula le parchemin et le rejeta dans le coffre.

— Ha! ha! dit-il; la tour du diable! Cela dura tant que vécut Simon Troarec, intendant de M. de Plougaz!... ha! ha!

Cette seconde exclamation fut prononcée de ce ton équivoque que les observateurs regardent comme un diagnostic certain d'enfantement intellectuel. Par le fait, maître Luc ajouta presque aussitôt après :

— Eh bien! voilà une fort agréable histoire! Ce Simon Troarec était certes, un garçon d'esprit... Allons! avant trois mois je serai maître du joli château de Coquerel!

Ce disant, et après s'être amplement frotté les mains, il saisit sa lampe et prit, au travers les longs corridors, le chemin de la tour du Diable. Pluto se leva et le suivit doucement.

Maître Luc marchait d'un pas leste et joyeux. Il ne prenait point garde aux brusques rafales qui venaient frapper les fenêtres. Sa ronde figure exprimait le contentement le plus parfait, et ses petits yeux gris brillaient et clignotaient comme les yeux d'un chat qu'on caresse. Arrivé au bout de la principale galerie, il fit tourner une lourde clef dans la serrure rebelle de la tour du nord, et entra.

La première pièce qu'il traversa avait le même aspect que les autres chambres du château; elle servait journellement de retraite à quelque hôte de M. de Plougaz. La seconde présentait une physionomie plus triste ; elle n'était habitée que lorsqu'il y avait trop-plein au château, le soir d'une grande fête. La troisième était poudreuse, sombre, lugubre. Maître Luc eut toutes les peines du monde à faire jouer le pêne dans la serrure hors d'usage. Quand il entra enfin, il ne put se défendre d'un serrement de cœur.

Cette pièce, abandonnée depuis douze ans, avait servi de chambre à coucher au jeune sire Arthur. La tapisserie, humide, tombait en lambeaux. Le vent pénétrait en sifflant à travers les carreaux brisés des croisées.

Pluto, qui était entré derrière l'intendant, ouvrit ses larges naseaux et sembla respirer avec délices une atmosphère connue. Il fit à plusieurs reprises le tour des murailles, en s'arrêtant chaque fois devant le lit vide.

— Ce sera un rude métier, grommela maître Luc, dont le front s'était considérablement rembruni ; cette chambre ne me plaît pas, et je suis sûr que j'y verrai plus d'une fois le fantôme de ce jeune fou d'Arthur.

Pluto s'arrêta dans sa ronde au nom d'Arthur et poussa un hurlement lamentable.

— Tiens ! tu es là, toi ? reprit l'intendant.

Et, comme si la compagnie du chien eût modéré sa vague terreur, il ajouta d'un ton de fanfaronnade :

— S'il vient, nous le recevrons ; et comme il ne viendra pas, nous enverrons monsieur son père le rejoindre... N'est-ce pas, Pluto ?

Pluto, suivant son habitude, répondit à cette amicale interpellation en montrant deux rangées de dents blanches, longues, aiguës, qui eussent fait honneur à un loup dans la force de l'âge.

— Bien, mon garçon, bien ! reprit maître Luc ; je connais ton râtelier. Mais au rebours des bonnes gens de mon pays, qui mordent avant de menacer, toi tu menaces et ne sais point mordre.

Pluto sembla reconnaître la vérité de ce reproche, et baissa la tête e grondant.

Maître Luc commença alors un examen détaillé des trois pièces qu'il venait de parcourir. La chambre du jeune Plougaz était une pièce de moyenne taille et de forme presque circulaire, qui composait, elle seule, le premier étage de la tour du nord ou du Diable. Elle n'avait qu'une entrée apparente ; mais tout près du lit abandonné d'Arthur, un escalier secret, dont aucun habitant de Coquerel n'avait connaissance, communiquait avec les cours du château. Maître Luc fit jouer la porte masquée, et versa un peu d'huile de sa lampe sur les gonds.

— C'est bien cela ! murmura-t-il ; voici la porte dont parle la légende. C'est par là que s'introduisait maître Simon Troarec, mon prédécesseur. Il paraît que les Plougaz ont toujours eu la main heureuse quant au choix de leurs intendants... Silence, Pluto ! Hé ! hé ! les Plougaz ne s'attachent que des gens d'esprit. Maître Luc vaut maître Simon, et il n'a pas eu besoin du grimoire pour deviner ce gentil escalier... C'était par là aussi que s'introduisait maître Luc, quand il venait voir son jeune sire ; seulement, au lieu de jouer le rôle de Satan, nous avions choisi celui d'un ange ; nous prêchions la croisade... Hé ! hé ! Ce n'est pas à dire que nous méprisions le rôle du diable : au contraire. Paix ! Pluto. Après avoir été ange, nous serons démon : c'est l'histoire du roi des enfers... et j'espère bien que le diable réussira près du vieux Plougaz comme l'ange a réussi près d'Arthur.

Pendant ce long monologue, que maître Luc prononçait à demi-voix, tout en faisant jouer les gonds de la porte masquée, Pluto le dévorait du regard et grondait sourdement.

Au nom d'Arthur, il allongea pour la troisième fois le cou, et modula un hurlement plaintif et prolongé. En même temps, la tempête qui grandissait au dehors envoya une puissante rafale qui, entrant à la fois par la porte et les fenêtres dégradées, éteignit la lampe de l'intendant, et remplit la chambre de débris.

Il leva les yeux et vit ceux de Pluto.

Un silence profond succéda à cet éclat de la tourmente. Pluto se tut. Maître Luc, effrayé, tâtonnait dans l'obscurité. Tout à coup sa main rencontra la tête velue de son chien, dont les poils se hérissèrent à ce contact. Il leva les yeux et vit ceux de Pluto, ronds et démesurément ouverts, briller dans l'ombre comme deux charbons ardents.

— Sainte Vierge ! murmura-t-il en essayant instinctivement un signe de croix.

Un éclair lui montra la porte, et il se hâta de regagner le corridor.

Quelques jours après, les valets de Coquerel étaient rassemblés dans l'immense cuisine du château. C'était le soir ; on faisait la veillée.

Sous le manteau de la cheminée, assise sur un banc noirci par la fumée, et tournant machinalement le manche d'un rouet, se tenait une femme arrivée aux plus extrêmes limites de la vieillesse : c'était dame Anne Parker, qui avait nourri de son lait M. de Plougaz.

Anne avait bien cent ans. Ses yeux éteints ne voyaient rien, sinon les choses de l'avenir. Son visage long, osseux, diapré d'innombrables rides, semblait un parchemin racorni par le feu. Ses lèvres remuaient sans cesse, mais ne prononçaient aucun son. Sa main tourmentait continuellement le manche de son rouet, sur lequel il n'y avait plus de chanvre. Auprès d'elle, un large espace restait vide. On la disait sorcière, et on avait peur d'elle.

De l'autre côté de la cheminée, Pluto, somnolent et engourdi, chauffait ses pattes et rêvait qu'il chassait dans les chaumes.

Puis venaient tous les serviteurs de Plougaz. Le cercle était nombreux. Il y avait Alanic, le pâtour (berger), Corentin, le petit gardeur d'oies, le gros Michel, qui engraissait les bœufs, Yaumi, le tondeur de landes, et Francin, le maître du pressoir. Il y avait aussi les valets des chiens et ceux des chevaux, les piqueurs, les marmitons, les jardiniers et les laboureurs. Quant aux gens de guerre, ils étaient dans leur salle d'armes ou corps de garde qui touchait au vestibule.

Nous allions oublier dame Marthe, la femme de charge, et les filles de basse-cour.

Toute cette population subalterne était éclairée seulement par deux chandelles de résine que soutenaient deux bâtons fendus, fichés dans la maçonnerie de l'âtre.

D'ordinaire la veillée était bruyante et joyeuse au château de Coquerel. On avait de grosses châtaignes à cuire sous la cendre et d'énormes *pichets* pleins de cidre mousseux, auxquels chacun pouvait donner, à son tour, de sérieuses accolades. Aussi était-ce plaisir de voir les jeunes gens rire et les vieux babiller, à la rouge lueur des résines crépitantes. Mais, ce soir-là, l'assemblée était triste et gardait le silence. Nul ne songeait à retirer les marrons qui brûlaient; les pichets restaient pleins, leur mousse s'évaporait sans que personne y mouillât ses lèvres.

Qu'y avait-il de nouveau au château de Coquerel ?

Ce qu'il y avait ? Hélas Dieu ! c'est terrible à dire, et le frisson nous vient, rien que d'y penser.

Il y avait que M. de Plougaz ne savait plus à quel saint se vouer. Il y avait que ses valets et serviteurs maigrissaient à vue d'œil. Il y avait que tout était désolation et désespoir.

Coquerel était une « maison hantée. »

Il « y revenait. » L'esprit du mal y faisait des siennes, et, depuis huit jours, le sommeil n'avait point fermé les yeux des serviteurs de M. de Plougaz.

Voilà ce qu'il y avait de nouveau au château de Coquerel.

La veillée se poursuivait en silence depuis quelque temps déjà, lorsque le beffroi sonna huit heures. Chacun tressaillit, puis chacun se remit. Alanic avança timidement l'index et retira du feu un marron cuit à point, qu'il grignota avec un plaisir évident. Enhardi par son exemple, Corentin, le pasteur des oies, mit la main à l'œuvre et fouilla les cendres. Le gros Michel, tout en poussant un mélancolique soupir, souleva lentement un pichet et but à la santé de Yaumi, qui ne put se dispenser de lui rendre la pareille. Alors Francin prit le courage de se moucher, d'une façon que nous n'osons point dire, mais que nous déclarons simple, primitive et commode pour les gens privés de mouchoirs. Un des valets de chiens toussa, Pluto bâilla, et dame Marthe éternua en fausset. La glace était rompue.

Les escabelles se rapprochèrent. Yaumi passa le pichet à son voisin, et la liqueur mousseuse fit le tour du cercle.

— Il est bon, dit Michel, droit en goût et fort en cidre ! mais qui sait combien de temps encore nous en boirons sous la cheminée de Coquerel ?

— Qui sait, reprit Francin, le maître du pressoir ; qui sait si les pommes de Monseigneur seront pilées par moi l'an prochain ?

— Hélas Dieu !... hélas Dieu !... dit en chœur l'assemblée.

— C'est que, voyez-vous, mes garçons, dit Michel d'un ton doctoral, il n'y a point de remède à cela. Une maison hantée est une maison perdue ; mieux vaudrait la peste !

— C'est la vérité, répliqua Francin, c'est la pure vérité.

— Si seulement M. de Plougaz avait remplacé feu dom Maurice, le chapelain du château ! mais non !

— Mais non !

Le pichet fit une seconde tournée, et les voix prirent un timbre moins lamentable.

— Pour ça, maître Francin, dit Alanic, vous n'avez jamais cuvé de meilleur cidre !

— Il est bon, droit en goût, fort en cidre, ça c'est vrai... Mais qu'avez-vous entendu la nuit dernière, vous autres ?

Cette question assombrit tous les visages.

Dame Marthe, en sa qualité de femme, retrouva sa langue la première.

— J'ai entendu des chaînes bruire dans la tour du... du nord, dit-elle, n'osant dire du Diable ; j'ai ouï d'étranges gémissements dans l'air, et j'ai glissé ma tête sous ma couverture.

— C'était prudemment fait, dame.

— A minuit le fracas a redoublé. J'ai cru que le château allait s'abîmer. Je me suis évanouie.

— Comme c'est commode de pouvoir s'évanouir quand on a grand'peur ! dit le petit gardeur d'oies. Moi, j'ai vu les meurtrières de la tour du Diable...

— Silence, malheureux ! cria l'assemblée.

— C'est juste ! je voulais dire la tour du nord. Les meurtrières, donc, reprit Corentin, brillaient dans la nuit d'une lueur rougeâtre, et la chambre de défunt le jeune sire Arthur...

Cette fois, ce fut Pluto qui interrompit, en poussant le plaintif hurlement que nous connaissons.

— Eh bien ! qu'y avait-il dans la chambre ? demanda Yaumi.

— Je ne sais pas, mais elle était éclairée comme il faut pour sûr !

— C'est singulier ! murmura dame Marthe.

Puis elle ajouta, en secouant la tête :

— Il y a ici quelqu'un qui pourrait nous en dire bien long là-dessus.

— Qui donc ? qui donc ? demanda-t-on de toute part.

— La vieille Anne Parker, répondit Marthe.

Peu s'en fallut qu'on éclatât de rire, tant cette supposition sembla plaisante.

— La vieille Anne ! répéta Francin ; il y a tantôt quinze ans qu'elle n'a sonné mot.

— Quinze ans et plus !

— Les jeunesses ne l'ont jamais entendue parler...

Celle dont il était question restait dans son coin, impassible et inerte ; elle ne paraissait point entendre. Ses mains tournaient toujours son rouet comme pour filer un chanvre imaginaire. Ses lèvres remuaient lentement et en silence.

— Elle a vu d'étranges choses autrefois, reprit Marthe.

— Elle ne s'en souvient plus.

— Peut-être... en tout cas, elle ne saurait nous les dire, puisque l'âge l'a rendue muette.

— Muette et sourde. C'est un cadavre vivant.

C'était Michel qui avait parlé le dernier. La vieille nourrice de Plougaz, tournant avec lenteur son cou décharné, fixa sur lui ses yeux ternes et privés de pensée.

— Quelqu'un de vous, dit-elle d'une voix chevrotante, connaît-il maître Simon Troarec, le bel intendant de Plougaz ?

Si Pluto lui-même avait pris la parole, l'assemblée n'aurait point éprouvé un étonnement plus profond. Chacun avait à peu près oublié le son de la voix d'Anne Parker, et cette question, bizarre par elle-même, plus bizarre par la bouche qui la proférait, fit courir un frémissement de frayeur de proche en proche.

— Elle a retrouvé la parole ! murmura dame Marthe ; que va-t-elle dire ?

Chacun ouvrit les yeux et les oreilles ; mais Anne Parker reprit sa position première et se remit à filer sa quenouille absente, en remuant silencieusement ses lèvres, comme elle faisait depuis plus de vingt ans.

Anne Parker.

Il se baissa pour achever le pauvre Yaumi.

CHAPITRE III

MAITRE ROCH REQUIN

Les serviteurs de Plougaz restèrent quelque temps muets de surprise; mais enfin, comme on est à la veillée pour causer, ils reprirent leur conversation interrompue.

— Je suis prêt à parier que c'est la dernière fois que la vieille Anne parle en ce monde, dit Michel.

— Moi, je prie Dieu que ce ne soit point un présage de malheur, répondit dame Marthe. Mais que pouvons-nous craindre, après tout? Le malheur n'est-il pas arrivé?

— Le fait est que le bon temps est passé. Plougaz est devenu triste et morose.

— Il y a de quoi !

— Je ne dis pas non. Maître Luc lui-même semble accablé.

— C'est un fidèle intendant, dit la dame Marthe avec conviction.

— Un intendant craignant Dieu et davantage le diable! ajouta Yaumi, non sans quelque intention de raillerie.

Anne Parker cessa de tourmenter le manche de son rouet et dit, comme si elle se fût parlé à elle-même :

— L'intendant ne craint pas le diable !

Puis, se tournant avec lenteur vers l'assemblée, elle ajouta :

— Quelqu'un de vous connaît-il maître Simon Troarec, le bel intendant de Plougaz ?

— Respectable dame, répondit Marthe, l'intendant de Plougaz a nom maître Luc Morfil.

La vieille secoua la tête d'un air incrédule :

— Prétendrais-tu m'apprendre le nom de mon fiancé, ma mie? dit-elle avec sévérité. Je n'entendis parler jamais de ce Luc Morfil, et ce n'est point là un nom de Bretagne. D'ailleurs, Plougaz n'a qu'un intendant, et c'est bien assez, va !

Anne prononça ce dernier mot avec emphase.

— C'est bien assez, reprit-elle ; surtout quand l'intendant n'a pas peur du diable! et maître Simon n'en a pas peur.

— Elle est folle ! murmura la dame Marthe.

— C'est lui qui est le diable, reprit encore Anne Parker d'une voix de plus en plus haletante et faible ; Plougaz ne s'en doute pas ; ne le lui dites point... Si personne ne parle, Plougaz quittera son château, et l'intendant deviendra le maître.

— Si c'était maître Luc !... s'écria Yaumi, frappé d'une idée subite.

— Paix, garçon ! fit la vieille. Moi seule au monde sais ce qui se passe de nuit à la tour du Diable !

— Que vous disais-je ? interrompit étourdiment la dame Marthe ; la sorcière sait tout !

— Anne Parker tressaillit faiblement et fit glisser sur son front sa main sèche et ridée.

— Folle que je suis! grommela-t-elle ; il y a quatre vingts ans que cela est passé !

Sa tête se pencha de nouveau ; ses doigts se crispèrent autour du manche de son rouet ; elle se reprit à faire semblant de filer.

— Vénérable dame, dit Marthe désappointée, ne saurons-nous point ce qui se passe à la tour du nord ?

Point de réponse. La vieille était redevenue momie.

— Je le saurai, moi ! s'écria résolument Yaumi ; je le saurai dès ce soir.

Cette exclamation attira d'autant moins l'attention générale que tous les regards étaient fixés sur Anna Parker, dont tout le corps fléchissait lentement et qui finit par s'affaisser sur son escabelle comme une masse inerte et sans vie.

— La pauvre vieille n'en a pas pour longtemps ! dit Michel.

— Je savais que quelqu'un mourrait au château cette semaine, répliqua Francin. J'avais vu « le cierge (1) » en revenant du bourg.

— Alors, l'affaire de la pauvre dame est claire, dit Yaumi.

Quelqu'un devait mourir en effet, mais on aurait fort étonné Yaumi en lui disant le nom du prédestiné.

Il était dix heures du soir. L'intendant vint, comme de coutume, faire sa ronde et présider à la fermeture des portes. Il était défait et semblait fatigué ; néanmoins, avant de se retirer, il prit Pluto par son collier de fer et le conduisit dans la cour, où il l'attacha à l'aide d'une chaîne à double cadenas.

---

(1) On trouve dans chaque village des Côtes-du-Nord plus de vingt personnes qui ont vu, — de leurs yeux — le cierge de la mort. C'est une des croyances superstitieuses les plus répandues en Bretagne, et c'est peut-être la plus fermement établie. Quand un homme doit mourir, on voit la nuit, descendre du firmament, vers sa demeure, un long cierge allumé. Ce funeste météore s'abaisse lentement ; plus il approche, mieux on distingue sa forme conique. C'est bien un véritable cierge. Seulement il est tourné sens dessus dessous, et sa flamme, contre toutes les lois de la physique, brûle ainsi la pointe en bas. Les chiens de la maison sentent de loin sa venue et se mettent à hurler déplorablement.

C'est par le tuyau de la cheminée que « le cierge » entre dans la demeure du moribond. Le plus grand nombre prétend que là s'arrête sa course mystérieuse, mais d'autres affirment qu'il pénètre jusque dans la chambre mortuaire et va s'éteindre entre les draps du lit.

Jamais maître Luc ne manquait de s'acquitter de ce soin ; jamais il ne s'en acquittait sans se dire, en manière de félicitation :

— Si, il y a douze ans, Pluto n'avait pas été attaché à cette bonne chaîne, le jeune sire Arthur serait encore au château, et moi, je serais le diable sait où.

Une fois Pluto enchaîné, maître Luc rentra ; mais au moment où le dernier serviteur du château quitta le lieu de la veillée, il rouvrit doucement la porte extérieure. Comme il allait se glisser dehors, un bruit se fit entendre derrière lui. L'intendant s'arrêta indécis.

— Bah ! dit-il après une courte hésitation, c'est sans doute la vieille Anne qui se sera endormie au coin du feu.

Il sortit. Yaumi, qui ne l'avait pas perdu de vue un seul instant depuis qu'un vague soupçon avait traversé son esprit, se coula prestement à sa suite.

Maître Luc, après avoir refermé la porte de la cuisine, longea la façade du château, et y rentra par une poterne masquée située au pied de la tour du nord et correspondant par un petit escalier tournant avec la chambre occupée jadis par le jeune Plougaz. Yaumi, étonné, mais sûr désormais de son fait, le suivit encore.

L'intendant, arrivé dans la chambre d'Arthur, prit sous le lit du jeune homme des chaînes et un paquet de résines qu'il y avait caché. Puis il attendit patiemment.

A l'instant où sonna l'heure de minuit, il poussa de grands cris, battit le briquet, alluma ses résines, et parcourut la chambre en secouant bruyamment ses chaînes. Le rusé Normand s'était probablement exercé de longue main, car il faisait, lui seul, autant de fracas qu'une légion entière de démons.

Mais tout à coup il s'arrêta. Sa rubiconde figure devint d'une pâleur livide, les chaînes s'échappèrent de ses mains. Un silence profond succéda au tintamarre qu'il faisait naguère.

Il venait d'apercevoir, debout au milieu de la chambre, un homme de forte taille, qui le regardait faire, immobile et les bras croisés sur sa poitrine.

Maître Luc n'était pas brave. Il eut peur d'abord d'avoir évoqué Satan

Il eut peur d avoir évoqué Satan en personne. (P. 42.)

en personne. Puis, lorsque enfin il reconnut Yaumi, sa frayeur ne diminua point, car le tondeur de landes avait une réputation de vigueur et d'intrépidité fort bien établie.

— Ho ho! dit ce dernier; c'est donc vous qui êtes le diable, honnête maître Luc!

— Ne me perds pas, Yaumi, mon bon camarade, répondit le Normand, je te donnerai tout ce que tu voudras.

— Je veux vous voir pendre, maître Luc, voilà tout ce que je veux, dit le gars, mû par cette haine instinctive qui existe depuis le commencement du monde entre le valet de basse volée et le valet favori du maître.

Luc Morfil prit le courage du désespoir. Un rapide coup d'œil le convainquit que son adversaire était sans armes. Il glissa discrètement sa main droite sous son pourpoint.

— Je te donnerai dix écus... vingt écus.... trente écus! s'écria-t-il.

— Nenni dà, maître; pour cinquante écus je ne vous sauverais pas de la corde!

— Cent écus! dit encore l'intendant.

Yaumi, au lieu de répondre, lui porta sa forte main sur l'épaule.

— Grâce! murmura maître Luc.

Mais en prononçant ce mot, il tira subitement de son pourpoint sa main armée d'un court poignard, et, visant Yaumi au cœur, il le frappa de toute sa force.

— C'était pour moi qu'était « le cierge! » dit le gars en tombant lourdement.

Maître Luc ne répondit point, mais ses fraîches couleurs reparurent, et ce fut avec un sourire parfaitement satisfait qu'il se baissa pour achever le pauvre Yaumi d'un second coup.

Le lendemain, tout était frayeur et désolation au joli château de Coquerel. Non seulement on avait ouï, comme de coutume un tintamarre infernal dans la tour du Diable, mais quelque valet, rendu plus brave par le retour de la lumière, avait découvert, en explorant la chambre hantée, un cadavre, le cadavre déjà froid du pauvre Yaumi.

M. de Plougaz fut de beaucoup le plus désolé. Il manda près de lui Luc Morfil et lui dit :

— Je veux vendre mon château de Coquerel.

Maître Luc eut ce frisson d'allégresse des joueurs qui ont risqué et gagné leur va-tout.

— Monseigneur, répondit-il d'un ton hypocrite, il vous reste encore plusieurs milliers d'écus sur le prix de Coatvizillirouët.

— Je veux vendre mon joli château de Coquerel, répéta M. de Plougaz.

— Je suis pour obéir à vos ordres, Monseigneur, mais...

— Mais quoi ?

— Rien. Monseigneur n'aime pas qu'on discute ses ordres ; il a bien raison. Je vais minuter le contrat de vente, et faire mes diligences pour trouver un acquéreur.

— Va, et dépêche !

Maître Luc sortit et prit une feuille de parchemin sur laquelle il traça, de sa plus belle écriture, un contrat en bonne et due forme. Ensuite, il enfourcha sa mule et se rendit à Bécherel, afin de faire « bannir » (1), le dimanche suivant, au sortir de la messe, la mise en vente du joli château de Coquerel.

Ce devoir accompli, au lieu de revenir tout droit au manoir, il poussa jusqu'à Dinan de Bretagne, qui était lieu noble autant que riche, et traversa les rues de la ville d'un air fier et triomphant. Ceux qui le rencontrèrent ce jour-là durent s'avouer qu'ils n'avaient jamais vu maître Luc si rouge et si souriant ; il allait sur son mulet, les talons en dehors et le poing sur la hanche, ni plus ni moins qu'un bon chevalier sur son coursier de bataille, et c'est tout au plus s'il saluait ses connaissances d'un signe de tête protecteur

— Ces petites gens, se disait-il, ne savent point qui nous sommes. Il n'y aura bientôt plus, Dieu merci, de vilain dans nos chausses, et l'intendant se fera grand seigneur.

De temps en temps, sur sa route à travers la ville, maître Luc mettait pied à terre pour acheter tantôt un ruban de velours, tantôt un étui

---

(1) Terme local : crier, publier par ban.

d'argent ciselé, contenant plumes et encrier, tantôt encore noix, gimblettes, macarons, menues épices et sucreries. Il fourrait ces emplettes dans les vastes poches de son pourpoint. Au bas de Jerzual, qui était alors l'unique faubourg de Dinan, il attacha sa mule à un anneau de fer, scellé dans le mur d'une maison de chétive apparence, et souleva le marteau d'une porte vermoulue, servant de clôture à la boutique de maître Roch Requin, procureur de profession et fieffé larron de renommée.

Il y a des procureurs de toute sorte, excepté de la bonne.

Les avocats ont le grand saint Yves qui les protège au paradis, où il est le seul de sa robe, mais les procureurs, au dire de la légende, ne vont même pas en purgatoire : ils servent de fagots pour allumer le feu de l'enfer.

Maître Roch ressemblait à maître Luc comme un pruneau ressemble à une prune. C'était un petit vieillard ridé, ratatiné, desséché, passé au four.

Il ne riait point souvent, de peur de montrer aux gens le vide caverneux de sa bouche édentée, mais cela ne l'empêchait pas d'être un joyeux compère quand il pouvait boire gratis. Il était veuf et père d'une grande fille qu'il avait peine à pourvoir d'un époux ; sa famille se composait en outre d'une multitude d'enfants des deux sexes, affamés comme des loups.

En entrant, maître Luc baisa la main de la grande fille d'une façon si galante, que maître Roch se sentit venir aux narines un vague parfum d'épousailles.

— Prenez ce ruban, ma mie, dit ensuite l'intendant de Coquerel ; je l'ai acheté pour l'amour de vos beaux yeux noirs.

La grande fille avait les yeux gris, mais elle prit le ruban.

— A vous ceci, mes gentils marmots, continua maître Luc en distribuant ses emplettes aux enfants sales et laids qui échangeaient des gourmades en se roulant sur le carreau. Compère, votre famille devient tous les jours plus aimable.

Maître Roch Requin reçut ce compliment avec réserve.

— Cela vous plaît à dire, compère, répondit-il.

Puis il ajouta en *a parte* :

— Il a besoin de moi ; c'est clair. Tenons-nous bien.

Maître Luc prit un siège et vint s'asseoir auprès du vieux procureur.

— Compère, dit-il, il m'est venu fantaisie de dîner avec vous. N'est ce point une bonne idée ?

— Hum ! fit maître Roch.

— En famille, poursuivit l'intendant, sans façon.

— Sans façon, répéta le procureur.

— La fortune du pot... quatre petites entrées, deux rôtis et une douzaine de flacons de vin français.

— Y pensez-vous, compère ?

— J'ai commandé tout cela chez un aubergiste de mes amis. Dans un quart d'heure on va servir. Ne vous inquiétez pas ; c'est moi qui vous traite.

Maître Roch ferma bruyamment le registre qu'il était en train de compulser, et tendit la main à son compère. La grande fille aiguisa ses longues dents, et les marmots poussèrent des hurlements de jubilation.

— Il a besoin de moi, pensa le procureur. C'est de plus en plus clair.

Quand arrivèrent, pompeusement portés par un nombre suffisant de marmitons, les deux rôtis, le panier de vin et les quatre entrées, la famille Requin se précipita en tumulte dans la salle à manger. Pendant une grosse demi-heure, le seul bruit qui se fit entendre fut le sourd clapotement produit par une mastication énergique, et le grincement des couteaux sur les assiettes. Malgré l'absence de ses dents, le vieux procureur faisait merveilles, mais il était notablement distancé par la grande fille, dont l'appétit ne semblait point pouvoir être rassasié. Maître Luc, lui, mangeait peu, buvait moins, et versait à boire à son compère. Celui-ci était sur ses gardes et possédait une tête à l'épreuve ; néanmoins, vers la fin du repas, il devint expansif, et montra plus d'une fois, dans des accès de rire cacophonique, les concavités de sa mâchoire.

— Compère, dit-il, votre dîner est bon. Quand vous aurez comme cela des fantaisies de vous asseoir à ma table, il ne faudra point vous gêner.

— J'espère vous traiter mieux sous peu, compère, répondit maître Luc avec un sourire mystérieux.

— Peste ! ma famille et moi nous serons toujours à vos ordres.

Maître Luc se pencha à son oreille.

— Ne pensez-vous point, dit-il tout bas, que votre fille serait bien belle sous les nobles atours d'une châtelaine ?

— Hein ? fit le procureur stupéfait.

— Chut ! J'aimerais à vous parler en particulier, mon compère.

Maître Roch demeura un instant abasourdi. Une foule d'idées saugrenues envahit son cerveau, légèrement surexcité par le vin de France. Peut-être le vieux Plougaz avait jeté les yeux sur sa grande fille ; peut-être...

— Hors d'ici, enfants ! s'écria-t-il, impatient d'éclaircir ses doutes.

Les marmots répondirent à cet ordre par un concert de lamentations. La grande fille elle-même jeta un regard de détresse sur son assiette à moitié pleine encore, et ne put retenir un gémissement. Néanmoins, tout le monde obéit, parce que maître Roch avait une façon toute armoricaine d'enseigner la soumission à ses héritiers.

Lorsqu'il fut seul avec l'intendant, ce dernier se leva et ferma la porte à double tour. Ensuite il visita scrupuleusement tous les recoins de la chambre.

— A quoi bon ces précautions, compère, demanda le procureur.

Au lieu de répondre, Morfil versa une ample rasade à son compère, et prit la parole à voix basse. Ce qu'il raconta, le lecteur le sait déjà ou le saura plus tard. Il parla fort longtemps et avec une certaine éloquence, car maître Roch, l'œil écarquillé, la bouche béante, semblait dévorer chaque mot.

— Diable ! diable ! dit-il quand l'intendant eut achevé, voilà une affaire excessivement drôle, mon compère. J'avais deviné que vous aviez besoin de moi.

— Consentez-vous à me servir ?

— Je l'aurais parié! Je me suis dit tout de suite : il a besoin de moi, c'est clair !

— Consentez-vous ?...

— C'est une drôle d'affaire ! Une affaire qui sent la corde, compère.

— Je vous donnerai mille écus.

— C'est un joli denier, mais, en conscience, le tour est drôle, et vous êtes un habile coquin, mon camarade. J'ai envie d'aller conter tout ceci à M. de Plougaz. Il me donnera plus de mille écus, qu'en dites-vous ?

— Maître Luc prit sous son pourpoint ce même petit poignard qui avait réduit au silence le pauvre Yaumi, et le ficha dans le bois de la table d'un air indifférent.

— Je ne dis rien, répondit-il.

— Diable ! diable ! murmura Roch Requin en se grattant l'oreille; vous avez répliqué à tout, mon excellent compère.. Vous parlez de deux mille écus ?

— Soit.

— Et ma fille ?...

— Je l'épouserai.

— C'est un trésor, compère ; vous serez un heureux époux. Elle est aussi bonne que belle.

Maître Luc qui, durant cet entretien, n'avait pas perdu un seul instant son sourire, fit à ce mot une grimace équivoque, à laquelle le procureur ne voulut point prendre garde.

— Allons ! dit ce dernier, touchez là, mon gendre ; je vous promets mon concours.

Ce disant, il se leva et se dirigea vers la porte. Maître Luc l'arrêta.

— *Verba volant!* dit-il. Je me suis livré à vous. Il me faut des sûretés.

— Des sûretés ! répéta le procureur avec une répugnance manifeste. Dans une affaire où il s'agit de la potence, on n'écrit point, mon compère... J'ai grande confiance en vous, mais je ne connais personne à qui je pusse volontiers donner ma tête à garder.

— Il faut pourtant écrire, maître Roch ! dit Morfil d'un ton ferme.

Le vieux procureur jeta autour de lui un regard cauteleux. Il n'y avait aucune issue.

— Soit, reprit-il à son tour avec une feinte résignation ; j'écrirai tout ce qu'il vous plaira, mon gendre. Allons quérir ce qu'il faut pour cela.

Une fois dehors, qui sait si maître Roch Requin n'eût point changé d'avis ?

Malheureusement pour lui, le Normand avait tout prévu. Il tira de sa poche une feuille de parchemin et l'étui d'argent qu'il avait acheté.

— Ne vous dérangez pas, beau-père, dit-il en choisissant son meilleur sourire. Voici une écritoire que vous conserverez en souvenir de moi.

Le procureur baissa la tête. Il était vaincu.

Maître Luc lui dicta un acte par lequel lui, Roch Requin, s'engageait, moyennant une somme de deux mille écus, à acheter en son nom, le cas échéant, le château de Coquerel, pour ensuite rendre ledit château à Luc Morfil, véritable acquéreur. Roch Requin écrivit, fort à contre cœur, et signa de mauvaise grâce.

— Comme cela, mon compère, dit Luc en mettant l'acte dans sa poche, vous ne serez point tenté de vendre mon secret, car nous partagerions la corde en bons amis que nous sommes. Au revoir, maître Roch Requin.

— Au revoir, maître Luc Morfil ! repartit dolemment le procureur.

En sortant, l'intendant de Plougaz se montra beaucoup moins galant que le matin. Il ne dit point à la grande fille que ses yeux gris étaient noirs, et passa sans regarder les nombreux marmots qui attendaient son accolade.

— J'aurais parié qu'il avait besoin de moi ! grommela le procureur. Diable ! diable ! au lieu de le tenir, je me suis laissé prendre, et c'est lui qui me tient. Pauvre affaire !

Quand maître Luc enfourcha sa mule, le soleil baissait à l'horizon. De

Dinan à Coquerel, il y avait trois grandes lieues. L'intendant mit sa monture au trot, et récapitula les événements de la journée. Tout lui avait réussi. Plougaz consentait enfin à vendre son château, et l'acquéreur était trouvé d'avance. C'était au mieux. En définitive, maître Luc s'était rendu coupable de vol, d'imposture, de meurtre, etc. ; mais au moins il allait toucher le prix de ses méfaits. Or, il espérait bien imposer silence à ses souvenirs une fois qu'il serait maître du joli château.

Avant qu'il eût fait deux lieues sur la route, le soleil se cacha derrière les vertes montagnes qui côtoient la rivière de Rance. Le crépuscule tomba. La moitié du ciel se voila d'un crêpe noir, tandis que le couchant restait éclairé par un sombre reflet de feu. Maître Luc fouetta sa mule à tour de bras et chercha dans sa mémoire un refrain normand pour tromper la frayeur dont il ressentait déjà les approches. Quand sa chanson fut terminée, il faisait nuit. Une bande rouge marquait seulement à l'occident la place où le soleil avait disparu.

Maître Luc fouetta sa mule derechef ; mais sa mule était vieille, lasse et obstinée. Elle continua son trot paisible sans tenir compte le moins du monde de l'impatience de son cavalier. Celui-ci avait le cœur serré par une vague angoisse. Hardi scélérat le jour, il était, la nuit, un coquin poltron et superstitieux. Chaque arbre du chemin prenait, pour son imagination épouvantée, des formes terribles ; son oreille entendait des bruits étranges, et plus d'une fois il crut ouïr dans le lointain le grincement lugubre de la *brouette de la mort* (1).

— Je suis un bon chrétien ! murmurait-il, comme pour tromper le ciel. Je ferai dire une messe... dix messes... J'ai de quoi payer !

Puis il essayait de réciter des versets oubliés du *De Profundis*. Mais il

---

(1) La nuit, quand il n'y a point de lune au ciel et que le paysan breton chemine seul sur une route déserte, il entend et voit bien des choses que des yeux ou des oreilles de citadin ne sauraient point saisir. Il entend, entre autres choses, le bruit néfaste produit par l'essieu de la brouette des morts, frottant ses roues que le diable a négligé de graisser. Personne n'a jamais vu cette brouette, mais elle affecte de passer en criant sur son axe, devant la porte des mourants. Sa rencontre est d'un fort mauvais présage. Les gens prudents, lorsqu'ils l'ont entendue passer, font dire une messe ou récitent un *De Profundis*, suivant leurs moyens. Quelques rares esprits forts nient son existence et s'en moquent, mais ils meurent tôt ou tard, ce qui prouve surabondamment qu'il ne faut point parler à la légère de la brouette de la mort.

s'interrompait bientôt, et frissonnait violemment. Quelque chevreuil effarouché avait traversé la route ; le vent lui avait apporté les notes funèbres du chant du hibou, caché dans le feuillage. Il avait peur. Tous ses membres tremblaient. Une livide pâleur avait remplacé les rubis de sa joue.

Une heure se passa. Il était à une demi-lieue de Coquerel. La lune montait à l'horizon, mais son croissant, caché par les nuages, ne donnait aux objets que cette lueur incertaine qui change l'aspect de la nature morte, et parsème les campagnes de fantômes. Maître Luc, engagé dans un chemin creux que bordaient, de chaque côté, de hauts talus, couronnés de haies épaisses, se faisait petit sur sa mule, et promettait un cierge à Notre-Dame de Gévezé pour se concilier sa puissante protection. Il se repentait amèrement, le pauvre homme, d'avoir prolongé si tard son repas ; il était si accablé, que la pensée d'acheter Coquerel n'avait plus le don de le ranimer.

Ses yeux restaient cloués au sol afin de ne point voir les spectres qui, sans doute, faisaient sabbat dans l'air. Il était en train de s'applaudir de ce naïf stratagème, lorsque sa monture s'arrêta tout à coup.

Maître Luc leva instinctivement son regard et demeura pétrifié.

Au beau milieu de la route, une forme noire et gigantesque se tenait debout. Maître Luc fit un signe de croix et demanda pardon à Dieu du fond du cœur, pour se préparer à mourir. Ses forces défaillaient ; il sentait sa dernière heure.

La mule cependant ne bougeait point, non plus que la forme noire. Maître Luc prit le courage de presser le flanc de sa monture, qui fit quelques pas en avant et s'arrêta de nouveau. Maître Luc était alors si près de la forme noire qu'il aurait pu la toucher de la main, mais il n'eut garde.

Cependant, l'immobilité de cet effrayant fantôme le rassura quelque peu. Il leva furtivement les yeux et poussa bientôt la témérité jusqu'à regarder le fantôme en face. La lune, momentanément débarrassée des vapeurs qui l'entouraient, tombait d'aplomb sur le spectre, dans lequel maître Luc reconnut le poteau servant de limite au domaine de Coquerel.

— Poltron de mulet ! s'écria-t-il en frappant à tour de bras sur sa bête. Avoir peur d'un poteau ! Marche donc, lâche animal !

Le mulet de maître Luc ne méritait point cette accusation de couardise. Il s'était arrêté devant le poteau, suivant sa coutume, pour attendre les ordres de son cavalier, parce que la route se bifurquait en cet endroit. Le Normand seul avait eu peur; mais, maintenant qu'il reconnaissait son chemin et se sentait près de Coquerel, il oubliait ses transes et cherchait à se tromper lui-même. Encore cinq minutes, et il allait voir les fenêtres du manoir éclairées comme il convient aux fenêtres d'une demeure hospitalière ; comment se fût-il avoué qu'il avait failli trépasser d'épouvante ?

Il se tenait droit en ce moment sur sa selle et sifflottait l'air d'un refrain à boire. La nuit n'avait plus pour lui de terreurs. Les chênes redevenaient des chênes, malgré leurs longues branches dépouillées qui ressemblaient de loin à des bras sans chair ; les poteaux redevenaient des poteaux. La brouette de la mort ne criait plus sous le couvert, et maître Luc était si brave, qu'il répondait au cri du hibou en parodiant plaisamment sa funèbre plainte.

— Hou-hou ! hou-hou ! disait-il en riant de bon cœur, Hibou, mon ami, je chante aussi bien que toi, et j'ai souvent répété cette gamme au chevet du jeune sire Arthur...

Son rire cessa. Au moment où il prononçait ce dernier mot, un hurlement sourd et prolongé se fit entendre auprès de lui, et Pluto, traînant sa chaîne brisée, traversa le chemin.

Deux hommes suivaient Pluto. Quand ils passèrent devant l'intendant, la lune éclaira leurs visages pâles, leurs joues creuses et leurs orbites où il n'y avait point d'yeux.

Ils étaient vêtus de longs suaires blancs comme la neige. Le premier, dont le linceul avait la forme d'une robe de pèlerin, montrait sa poitrine percée de part en part par une flèche sarrasine. L'autre, dont le suaire ressemblait à la souquenille d'un vilain, avait une tache sanglante à la place du cœur.

Maître Luc perdit les arçons, et tomba lourdement à la renverse sur la poussière du chemin.

— Arthur de Plougaz ! Yaumi ! murmura-t-il d'une voix étranglée. Pitié, miséricorde !

Pluto hurla. Les deux hommes vêtus de blanc glissèrent comme deux flocons de vapeur poussés par la brise du soir. La mule dressa les oreilles et renifla bruyamment, pendant que ses flancs frémissaient. Maître Luc voulut se relever, mais ses jambes fléchirent, et il retomba privé de sentiment.

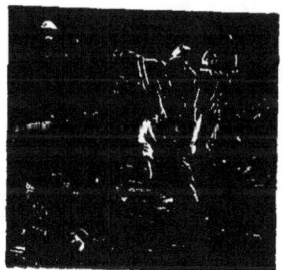

Maître Luc retomba privé de sentiments.

Francin fit un geste de terreur.

CHAPITRE IV

L'ÉLIXIR

M. de Plougaz avait passé cette journée tristement enfermé dans son appartement. Le pauvre seigneur regrettait amèrement son joli château de Coquerel. Il songeait à toutes les belles fêtes qu'il avait données dans la grande salle, à tous les bons repas qu'il avait faits sur la vaste table du salon à manger ; il songeait à ses magnifiques écuries où cent chevaux dormaient à l'aise ; à son chenil, renommé dans toute la contrée, où cent couples de chiens de toutes tailles, de tous poils, de toutes races, s'ébattaient et faisaient vacarme au soleil levant. Il songeait à tout cela, et, comme la tristesse rend l'âme bonne, il songeait aussi à son fils Arthur qu'il n'avait point vu depuis dix ans.

— Hélas! hélas! disait-il; mon Arthur et mon Coquerel, mon pauvre fils et mon pauvre château! Le vieux Plougaz n'a plus ni manoir ni famille!

Et il se reprochait d'avoir laissé si aisément partir l'unique héritier de son nom.

Ce n'était pas la première fois que M. de Plougaz se souvenait d'Arthur. A diverses reprises il avait chargé maître Luc d'envoyer d'assez fortes sommes aux chevaliers hospitaliers de Saint-Jean, pour qu'ils les fissent parvenir au jeune homme. Nous savons quel emploi maître Luc avait fait de ces sommes.

Et, tout en donnant son cœur à ces sombres pensées, le vieux seigneur arpentait d'un pas saccadé le parquet de sa chambre. La fièvre lui montait au cerveau. Il ne pouvait point tenir en place, et trouvait chaque heure aussi longue qu'une semaine. Vers le soir il sortit de son appartement pour voir si maître Luc n'était point revenu de son voyage. Le disque du soleil, rougi par les vapeurs terrestres, touchait la ligne de l'horizon, et inondait de ses derniers rayons les galeries et les salons de Coquerel. Le joli château resplendissait. Les vitraux des fenêtres, décomposant au passage cette ardente lumière, teignaient de pourpre ou d'azur les panneaux historiés des lambris. On voyait s'allumer, comme autant de brillantes étoiles, les dorures de la voûte, l'acier poli des trophées d'armes et les cristaux diamantés des lustres. M. de Plougaz semblait voir pour la première fois ces merveilles, tant il les admirait de bon cœur. Et plus il admirait, plus il gémissait. le malheureux vieillard. Toutes ces belles choses n'allaient-elles pas changer bientôt de maître? Combien de fois pourrait-il voir encore le soleil se coucher à travers les vitraux des hautes fenêtres de Coquerel?

C'était là un terrible sacrifice. Mais c'était un sacrifice nécessaire; car, pour un chrétien, mieux vaut vivre dans un taudis que de partager sa demeure avec Satan.

Pendant que M. de Plougaz se promenait ainsi de salle en salle, de corridor en galerie, comme une âme en peine, il se passait d'étranges choses dans son manoir.

Vers une heure après midi, un homme, portant la robe blanche des pèlerins d'outre-mer, avait soulevé le marteau de la grand'porte et demandé l'hospitalité. Il n'y avait point d'exemple qu'on eût jamais refusé pareille requête à Coquerel. Le mendiant fut introduit. C'était un personnage de haute taille, dont les traits hâves et fatigués révélaient de longues années de souffrances. Sa robe était poudreuse et tombait en lambeaux.

Au moment où il traversait la cour, Pluto, retenu par sa chaîne, dormait au soleil devant l'ouverture de sa loge. Son sommeil parut subitement agité. Ses larges naseaux se dilatèrent. Il jappa doucement et remua la queue comme font les chiens à la vue d'une personne connue. Puis, quand l'étranger passa devant lui, il s'éveilla en sursaut et bondit :

— A bas, Pluto! dit Francin, qui remplissait l'office d'introducteur. Ne vous effrayez pas, mon maître. La chaîne est bonne.

— Je ne m'effraye point, répondit l'étranger d'un ton grave.

— Hé! hé! sire pèlerin, il y a pourtant de quoi, je vous jure. Pluto est une méchante bête, et, sans la chaîne, vous n'auriez pas beau jeu... Mais que faites-vous? Arrêtez!

L'étranger s'était avancé vers Pluto, et, sans tenir compte de l'avertissement du vassal, il avait appuyé sa main sur la tête du redoutable chien.

Francin fit un geste de terreur. Il crut que le pèlerin allait être dévoré, mais Pluto se recoucha. Son grand œil rouge devint doux et humide. Tout son corps se prit à frémir, et il n'ouvrit la gueule que pour lécher les sandales poudreuses de l'étranger.

— Dieu nous protége! grommela Francin, qui regarda dès lors l'étranger avec un respect mêlé de défiance. Nous vivons dans un temps de malheur! Le diable la nuit, des sorciers le jour...

Il n'acheva point, mais il se signa à la dérobée.

L'étranger revint vers son guide, qui le fit entrer dans la cuisine, où la vieille Anne Parker, seule et plongée dans sa somnolence habituelle, faisait mine de filer sa quenouille absente, auprès du foyer presque éteint.

— Mon maître, dit Francin, chauffez-vous, et reposez vos membres en attendant le repas. Excusez-moi si je ne vous tiens point compagnie, mais vous êtes arrivé au château de Coquerel dans un triste moment. On veille un mort à l'heure qu'il est dans la chapelle. Mon pauvre camarade Yaumi viendrait longtemps pleurer à mon chevet, durant les nuits d'hiver, si je ne faisais pas ce que peut un chrétien pour abréger son temps de purgatoire.

— Y a-t-il un prêtre pour mener la veillée? demanda l'étranger.

— Hélas! répondit Francin, depuis bien des années nul prêtre n'a franchi le seuil de Coquerel.

— Le mort a-t-il reçu les secours d'un médecin?

— Les médecins sont rares, sire pèlerin, et d'ailleurs il y a des maladies que ne sait point guérir l'art des hommes : c'est un coup de poignard au cœur.

— La science peut tout, interrompit sévèrement l'étranger. Va! je te rejoindrai. Un homme qui a vécu cinq ans parmi les infidèles et surpris leurs plus merveilleux secrets, ajouta-t-il presque à voix basse, a le droit de se dire maître en l'art de guérir : je remplirai l'office de médecin.

Francin secoua la tête.

— Va, te dis-je, reprit le pèlerin. S'il est mort, je prierai Dieu pour son âme ; s'il reste une étincelle de vie en lui, je le guérirai.

— Ainsi soit-il! murmura Francin d'un air incrédule.

Il sortit.

L'étranger s'assit sur une escabelle, et remua les cendres pour ranimer le feu.

— Dame, dit-il en s'adressant à la vieille Anne, Luc Morfil est-il toujours intendant de Plougaz?

La centenaire tressaillit à cette voix. Ses doigts, mus par une ardeur machinale et subite, poussèrent activement sa besogne imaginaire. Elle ne répondit point.

L'étranger répéta sa question d'un ton bref et impérieux.

Alors Anne laissa son rouet, remua, sans produire aucun son, ses lèvres desséchées, et jeta un regard triste et morne sur l'étranger. Elle le regarda longtemps ainsi. Son œil, terne comme un cristal dépoli, ne reflétait point ce qui se passait au-dedans d'elle, mais les rides de ses joues se mouvaient et s'entre-choquaient ; ses doigts étendus semblaient vouloir repousser une vision.

— Ne voulez-vous point me dire, dame, reprit encore le pèlerin, comment se nomme l'intendant de M. de Plougaz?

— Simon Troarec, répondit enfin la voix cassée de la centenaire. Mais il a un autre nom... un nom qu'il ne faut pas répéter, un nom que nul ne connaît. Je le sais, moi, parce que j'ai passé la nuit à la tour du Diable : il s'appelle Satan.

L'étranger se leva et prit le chemin de la porte, croyant ne pouvoir rien tirer de cette insensée. Anne se tourna lentement et tout d'une pièce, afin de le suivre du regard. Puis elle répéta en souriant d'un air mystérieux :

— Il s'appelle Satan. Le château est à lui, et moi, je suis sa fiancée.

Le pèlerin, comme s'il eût parfaitement connu les êtres de la maison, traversa sans hésiter les corridors et arriva au seuil de la chapelle. C'était un vieil édifice dont le style était en harmonie avec celui du château, mais qui, délaissé par la négligence des derniers seigneurs de Plougaz, gardait un aspect triste et désolé. Les dalles disparaissaient sous une épaisse couche de poussière humide. L'autel était nu ; de longues toiles d'araignées pendaient aux voûtes, et le vent pénétrait de toutes parts à travers les vitraux brisés des fenêtres saxonnes.

On avait étendu le pauvre Yaumi sur une table, recouverte d'un drap, au milieu de la nef. Aux quatre coins de ce rustique catafalque brûlaient, en guise de cierges, quatre résines soudées au sol. Tout à l'entour les gens de Coquerel étaient assis sur des bancs. Les uns priaient, les autres faisaient semblant ; ceux qui étaient bavards causaient ; la fiancée de Yaumi pleurait.

Le soleil, caché sous des nuages opaques, laissait l'intérieur de cette chapelle ruinée dans un sombre demi-jour, que rendait plus mélancolique la rouge et vacillante clarté des résines. La décoration allait merveilleusement à cette scène mortuaire, dont les acteurs, comme tous les paysans de la Bretagne, étaient plus que d'autres disposés, par la pente de leur nature, à en sentir la lugubre poésie. Le Breton, en effet, aime ce qui attriste et ce qui effraye. Quand il chante, ce sont de mystiques et lamentables refrains ; quand il raconte, ce sont de terribles histoires. Ses récits ont pour personnages le démon et la mort, pour lieu de scène un cimetière ou le chauve sommet d'une montagne hantée par les « maudits » ; on y entend le sifflement de la tempête, le cri du chat-huant, et, dans le lointain, les vagues vibrations du glas funèbre.

Une dernière circonstance portait au comble l'inquiet recueillement de la majeure partie de l'assemblée. Francin n'avait pas manqué de parler du pèlerin dont le regard avait dompté Pluto, et qui se vantait de posséder les secrets des docteurs païens. Chacun se sentait ému d'une curiosité mêlée de crainte. On attendait avec impatience l'arrivée de ce personnage extraordinaire, et la pensée d'un miracle possible se glissait dans tous les esprits.

L'étranger parut enfin sur le seuil, et un frémissement subit parcourut les rangs des serviteurs de Plougaz. Ceux qui priaient furent distraits. Ceux qui causaient se turent. La fiancée de Yaumi elle-même essuya ses yeux et regarda.

Le pèlerin traversa la chapelle d'un pas lent et grave. Il s'arrêta devant la table où était couché Yaumi et appuya la main sur la poitrine du cadavre. Durant une minute il demeura ainsi immobile et profondément attentif, puis il secoua la tête.

— Je suis venu trop tard, dit-il ; cet homme est mort.

Un sanglot déchirant souleva la poitrine de la fiancée de Yaumi.

L'étranger leva les yeux sur elle, et parut touché de sa douleur. Il prit dans son sein un flacon de métal qu'il ouvrit avec effort. Un parfum âcre et saisissant emplit aussitôt la chapelle. L'étranger fit couler une goutte du contenu de son flacon sur la lèvre de Yaumi, et replaça sa main sur le cœur du gars.

Cette fois il attendit longtemps. Au bout de quelques minutes, un sourire de satisfaction releva sa fine moustache noire.

Yvonne, la fiancée de Yaumi, se sentit venir à l'âme un vague espoir. Les autres serviteurs de Plougaz ouvrirent les yeux et les oreilles.

— Son cœur bat, dit le pèlerin d'une voix si faible qu'on avait peine à l'entendre. Il est suspendu entre la vie et le trépas. Il faut beaucoup pour le sauver ; pour le perdre il ne faut qu'un souffle. Retirez-vous, bonnes gens, et priez Dieu dévotement, car Dieu seul peut donner à un homme le pouvoir d'opérer semblable cure.

Ce disant, l'étranger se mit à genoux. Les gens de Plougaz s'éloignèrent sans bruit. Yvonne seule s'avança vers le pèlerin et lui présenta une petite croix d'or qui ornait sa poitrine.

— Je n'ai que cela, murmura-t-elle. Si j'avais un château comme Coquerel, je vous le donnerais.

L'étranger lui imposa silence d'un geste impérieux, et la pauvre fille sortit à son tour.

Une fois seul, le pèlerin releva les manches traînantes de sa robe, et se mit à sa besogne. Il sortit de sa poche une petite trousse et diverses fioles,

Je suis venu trop tard, dit-il, cet homme est mort, (p. 62).

dont il se servit si bien que Yaumi reprit vie et s'agita sur sa couche de pierre.

Ses plaies, il faut le dire, étaient peu de chose ; le poignard de maître Luc n'avait touché aucune partie vitale, mais le froid de la nuit, joint à une énorme perte de sang, l'avait si bien engourdi que ses camarades n'avaient pu voir en lui qu'un cadavre.

Quand il eut recouvré ses sens, il se trouva fort surpris de la pompe mortuaire qui l'entourait, et voulut demander des explications. Mais ce n'était point le compte de l'étranger, qui, après lui avoir fait boire quelques gouttes d'un cordial dont la recette est restée un secret entre lui et les païens de Palestine, ordonna la plus complète immobilité.

Quatre ou cinq heures se passèrent ainsi, pendant lesquelles Yaumi goûta un bienfaisant repos. Les gens de Plougaz venaient de temps à autre regarder par la porte entre-bâillée, mais la mine sévère et hautaine du pèlerin les retenait toujours à distance.

Il faisait nuit quand Yaumi se réveilla. Le sommeil lui avait donné des forces. Il se dressa sans trop d'effort et s'assit sur la table.

— Yaumi, dit l'étranger, tu es le frère de lait de l'unique héritier de Plougaz ?

— Que Dieu ait l'âme du pauvre seigneur ! répondit le gars en se signant ; c'est la vérité.

— Le reconnaîtrais-tu ? poursuivit le pèlerin.

— Il y a douze ans que mes yeux ne l'ont vu ; mais ses traits sont là (il montrait son cœur). Je le reconnaîtrais.

L'étranger rejeta en arrière ses longs cheveux, et approcha une résine de son visage. Yaumi le contempla une seconde d'un air de doute ; puis, appuyant sa main à un pilier, il essaya de fléchir le genou.

— Monseigneur, murmura-t-il, je bénis Dieu qui vous a ramené sain et sauf au joli château de Coquerel.

Arthur de Plougaz tendit sa main que son frère de lait baisa avec une respectueuse affection ; ensuite, il y eut entre le maître et le serviteur une longue conversation. Arthur apprit ce qu'il avait vainement demandé à la vieille Anne Parker, savoir que maître Luc Morfil était toujours intendant à Coquerel. Il entendit sans manifester trop de surprise le récit de ce qui était arrivé à Yaumi dans la tour du Diable. Une seule chose parut l'intéresser vivement, c'est l'existence de la porte masquée et de l'escalier secret qui conduisait de la cour à la chambre que lui-même habitait jadis.

— C'est par là qu'il venait, le misérable, pensa-t-il. Hé bien ! cette route peut servir à deux fins : c'est par là qu'il s'en ira s'il plaît à Dieu !... Je savais tout cela, mon homme, ajouta-t-il à voix haute, ou du moins je m'en doutais depuis hier. Après le long voyage et bien des traverses, j'ai pu arriver jusqu'à Dinan. Là j'ai appris que le château de mon père était hanté par les esprits mauvais. Or, j'avais souvenir de certains faits diaboliques qui furent cause autrefois de mon départ pour la Terre-Sainte. De par Dieu ! mon homme, ce traître valet ne sera jamais seigneur de Coquerel !

— Moi aussi, je suis son débiteur, dit Yaumi d'une voix sombre.

— Tant mieux ! Tu ne m'en serviras qu'avec plus de zèle... Peux-tu marcher ?

Yaumi fit quelques pas en chancelant.

— Encore une goutte de mon elixir ! poursuivit Arthur.

Yaumi but et sentit une vigueur nouvelle circuler dans tous ses membres.

— Par saint Guillaume, mon patron ! s'écria-t-il émerveillé, si vous n'étiez pas noble autant que les Valois de France, je vous croirais sorcier, monseigneur !

La nuit était tout à fait tombée. Les gens de Coquerel, rassemblés comme d'habitude autour du foyer, regardaient fumer deux ou trois troncs d'arbres humides dans la cheminée. La vieille Anne Parker était à son poste, marmottant et filant. Il ne manquait là que Yaumi et Pluto.

La veillée était encore plus triste que le soir précédent. Un morne silence régnait autour de l'âtre et n'était guère interrompu que par les sanglots d'Yvonne.

A tour de rôle, un des gars se levait pour aller voir ce qui se passait dans la chapelle. Le gardeur d'oies qui s'était acquitté le dernier de ce soin, était revenu en disant que Yaumi était toujours couché sur la table.

L'enfant mentait. La peur l'avait pris dans les sombres corridors de la chapelle ; il n'avait point osé aller jusqu'à la chapelle.

— Mes garçons, dit Marthe le pauvre jeune homme est mort... bien mort ! n'a-t-on pas vu le « cierge » hier ?

— Ça, c'est vrai, dit tristement l'assemblée

— Le mieux que nous puissions faire, c'est de réciter un De Profundis pour le repos de son âme.

Cette proposition parut assez convenable. Les hommes ôtèrent leurs bonnets de laine, les filles prirent leurs chapelets, et dame Marthe commença le premier verset de l'hymne funèbre.

Mais, à ce moment, Anne Parker s'agita sur son escabelle, et poussa un strident éclat de rire.

Lorsque, après le premier moment de stupeur, dame Marthe voulut continuer sa prière, la vieille Anne se prit encore à rire.

— Hé ! hé ! hé ! dit-elle, Simon Troarec a beau dire, Plougaz est revenu, je l'ai vu.

— Que dit-elle ? s'écrièrent plusieurs voix.

— Paix ! dame Anne, dit Marthe. Laissez-nous prier pour les morts !

— Pour les morts ? Simon et toi, ma mie, vous mentez, il est vivant, bien vivant... hé hé hé hé !

Son rire, sec et saccadé, se prolongea une seconde, puis s'éteignit. Marthe recommença son De Profundis..

— Chut ! dit la centenaire ; tu ne sais pas chanter, ma mie... Ecoute !

Et elle entonna de sa voix chevrotante et cassée une ronde du pays :

> C'est aux forêts de Bretagne
> Qu'on fait de jolis sabots :
> Tenez vos petits pieds chauds,
> Ma belle brune.
> Et vous, gars à marier,
> Cherchez fortune.

— Silence ! dame, s'écria Marthe indignée. Il faut être damnée pour chanter dans un pareil moment.

La vieille reprit :

>Les rochers y sont de pierre,
>De pierre du haut en bas :
>Le soleil ne les fond pas,
>>Non plus la lune...
>Et vous, gars à marier,
>>Cherchez fortune.

Ce chant frivole, qui interrompait si mal à propos la prière des morts, glaça d'une sorte d'horreur l'assemblée des gens de Plougaz. Ils se regardaient entre eux d'un air inquiet et indécis.

— On a perdu des fagots à brûler des sorcières qui valaient mieux qu'elle ! grommela dame Marthe avec colère.

La vieille lui jeta un regard hébété, puis elle poursuivit en frappant ses mains ridées l'une contre l'autre :

>Le soir, on danse sur l'aire,
>Sur l'aire à battre le blé :
>Ah ! c'est qu'il fait bon sauter
>>Quand vient la brune...
>Et vous gars à marier,
>>Cherchez fortune (1).

Pendant qu'elle chantait ce dernier couplet, sa voix devenait de plus en plus rauque et voilée. En terminant elle poussa un profond soupir et laissa tomber ses bras.

— Ha ! ha ! murmura-t-elle, je suis contente d'avoir vu Plougaz avant de mourir... mais je ne sais si je mourrai, parce que je suis la fiancée de Simon Troarec, qui est le diable !

Elle s'adossa au manteau de la cheminée et demeura immobile.

L'assemblée fut quelque temps à secouer l'impression causée par cet incident bizarre. Enfin Francin se leva et annonça qu'il allait voir ce qui se passait dans la chapelle. Pendant cela dame Marthe, qui était une femme persévérante, entreprit d'achever son De Profundis.

---

(1) Chanson morbihannaise qui a plus de cent couplets. Les paroles sont généralement vives et bizarres comme celles de tous les pots pourris, mais l'air est lent et remarquablement mélancolique.

Mais il était écrit que ce soir-là elle échouerait dans son pieux dessein. A peine avait-elle prononcé les premiers mots latin que Francin revint, les traits bouleversés et la pâleur au front.

— Qu'y a-t-il ? s'écria-t-on de toutes parts.

— Plus rien ! balbutia Francin, à qui l'effroi coupait la parole ; plus rien dans la chapelle !

Yvonne s'élança vers lui et saisit son bras qu'elle pressa fortement.

— Que dis-tu ? murmura-t-elle ; serait-il guéri !

Francin la regarda d'un air étonné.

— Réponds donc ! cria-t-elle avec impatience ; le pèlerin a-t-il tenu sa promesse ?

— Hélas ! Dieu ! dit le gars, dans quel temps vivons nous ! Le sorcier maudit n'avait du pèlerin que l'habit, bien sûr ! Pauvre Yaumi ! Le sorcier s'est enfui avec son cadavre.

Yvonne poussa un cri d'horreur, et tous les gens de Plougaz se précipitèrent en tumulte vers la chapelle pour vérifier le rapport de Francin. Celui-ci avait dit vrai. A la lueur des résines expirantes on aperçut la table sur laquelle il n'y avait plus ni mort ni linceul.

Une porte latérale de la chapelle était ouverte. C'était par là qu'avait dû fuir le faux pèlerin. Les gens de Plougaz sortirent. Arrivés dans la cour, ils reconnurent que Pluto n'était plus dans sa loge. Un bout de chaîne brisée pendait seul à l'anneau de fer scellé dans la paroi de la cabane.

— Que Notre-Dame ait pitié de nous ! murmurèrent les gens de Plougaz, et que Dieu nous protège contre les attaques du malin esprit !

Un hurlement lointain de Pluto répondit à cette invocation, et la voix chevrotante d'Anne Parker lança son refrain à travers les fenêtres ouvertes de la cuisine !

Ah ! c'est qu'il fait bon sauter
Quand vient la brune...
Et vous, gars à marier,
Cherchez fortune.

Anne Parker lança son refrain.

Il se hâta de regagner son gîte.

CHAPITRE V

UN CHEVALIER, UN ÉCUYER ET UN CHIEN

Cette nuit-là, il ne se passa rien d'extraordinaire au joli château de Coquerel. La tour du nord demeura sourde et muette. On ne vit point de fantastiques lueurs courir de meurtrière en meurtrière. On n'entendit point le fracas des chaînes, les gémissements et tous ces bruits d'outre-tombe qui effrayaient tant les serviteurs de Plougaz. Chacun dormit d'un sommeil paisible, comme s'il n'y eut point eu à Coquerel une tour du Diable.

Nos lecteurs ne s'étonneront point de cette circonstance s'ils veulent bien se rappeler que maître Luc Morfil était tombé sans mouvement vers dix heures du soir, au beau milieu de la route. Quand il s'éveilla, il était plus de minuit, l'heure de faire sabbat était passée; et le brave intendant connaissait trop bien l'étiquette infernale pour s'aviser de mettre en branle ses résines et ses ferrailles à une heure du matin. D'ailleurs, il n'était point trop en train de se mettre en besogne. Le froid de la nuit avait perclus son corps; la terreur avait paralysé son esprit. Quand il reprit ses sens, son premier soin fut de jeter autour de lui son regard effrayé. La lune, parvenue à son plus haut degré d'élévation, versait à flots sur la campagne sa blanche et limpide lumière. Maître Luc ne vit plus le spectre du jeune M. Arthur, ni celui de Yaumi, ni celui de Pluto. Il n'y avait là près de lui que sa mule fidèle qui l'attendait en dormant sur ses quatre jambes.

Maître Luc fit quelques pas sur le chemin pour rendre à ses membres un peu d'élasticité; puis, montant sur sa bête, il se hâta de regagner son gîte.

— J'aurai rêvé, se disait-il. Dieu merci, les morts ne reviennent point, et la chaîne de Pluto est en bon fer. J'aurai rêvé.

En traversant la cour de Coquerel, il siffla Pluto qui n'eut garde de répondre. Alors il s'approcha de la loge et vit que le chien avait réellement disparu.

— Le diable s'en mêlerait-il pour tout de bon? grommela-t-il avec inquiétude.

Maître Luc eut grand'peine à s'endormir. Le lendemain il apprit l'enlèvement du cadavre de Yaumi, ce qui acheva de le convaincre qu'il n'avait point rêvé la nuit précédente. Malgré les terreurs nouvelles que faisait naître en lui cette série d'événements extraordinaires, il se raidit dans ses projets spoliateurs, et résolut de lutter contre l'enfer, s'il le fallait, plutôt que de renoncer au joli château.

M. de Plougaz, au contraire, s'éveilla fort gaillard, il y avait longtemps que le bon seigneur n'avait dormi si tranquillement. En se levant, il demanda pour son déjeûner un râble de lièvre, cinq cailles, deux perdrix et un poulet gras de la Guerche, cité presque aussi célèbre que le Mans pour ses chapons. Pour son dessert, il mangea trois galettes de blé noir, dont une seule aurait satisfait l'appétit d'un Auvergnat moderne. Mais, dans ces temps héroïques, l'estomac de l'homme était dans toute sa vigueur; ses facultés ne se pourraient point comparer aux faibles capacités de nos organes dégénérés.

Quand M. de Plougaz eut arrosé son repas du matin à l'aide d'un pot de vin clairet, il se renversa sur son grand fauteuil à dossier blasonné, et, au lieu de se curer les dents comme le ferait un gourmand contemporain, il se demanda ce à quoi il emploierait sa journée.

La chasse l'amusait fort, mais il commençait à n'être plus très-ingambe, et la goutte livrait à ses orteils de fréquents et victorieux combats. La pêche est un fade plaisir: M. de Plougaz d'ailleurs trouvait que c'était là passe-temps de vilain. Il eût bien employé quelques heures à feuilleter la demi-douzaine de bouquins qui formait la bibliothèque de Coquerel, mais il ne savait point lire. Que faire donc ?

Comme il s'adressait cette question, maître Luc Morfil, pâle et portant sur son visage les piteuses traces de sa mauvaise nuit, entra dans la salle à manger.

- Dieu vous garde ! Monseigneur, dit-il en saluant profondément.

— Merci, Luc, merci mon ami, répondit M. de Plougaz. Tu viens fort à propos. J'étais dans un grand embarras.

— Monseigneur sait que je suis à ses ordres.

— Sans doute, Luc, je te paie pour cela. Dis-moi, que ferai-je bien aujourd'hui pour me distraire ?

Maître Luc ne put retenir une grimace. Cette liberté d'esprit de son seigneur lui semblait d'un fort mauvais augure pour ses projets. Avait-il donc suffi d'une nuit de repos pour rendre à Plougaz toute sa sérénité ? ne songeait-il plus à la tour du Diable et aux terribles apparitions qui avaient mis en émoi naguère le château de Coquerel ?

— Eh bien ? dit M. de Plougaz.

— Monseigneur veut-il que je lui rende compte de mes démarches d'hier ?

M. de Plougaz haussa les épaules d'un air mécontent.

— Au diable ! tes comptes et tes démarches s'écria-t-il. Penses-tu me divertir en me parlant ainsi ? Allez-vous-en, maître, et envoyez-moi mon veneur.

L'intendant obéit aussitôt. Mais le coup était porté. Il avait suffi d'un seul mot pour ramener le vieux gentilhomme à ses sombres pensées. Quand le veneur se présenta, M. de Plougaz le regarda de travers et l'accueillit assez médiocrement.

— Je n'ai que faire de tes services, maraud, lui dit-il ; va-t'en, et envoie-moi mon intendant.

Maître Luc Morfil montra bientôt, pour la deuxième fois, à la porte entre-bâillée, sa mine rougeaude souriante et pateline. Il s'approcha en faisant, de trois en trois pas, une courbette, et se tint debout devant Plougaz.

— Maître Luc, dit celui-ci, qu'avez-vous fait hier?

— J'ai exécuté vos ordres, Monseigneur?

— Quels ordres?

— Monseigneur m'a ordonné de faire crier la vente prochaine de Coquerel...

— J'ai ordonné cela?

— Oui, Monseigneur... Et de chercher des acheteurs.

— Êtes-vous sûr, maître Luc que j'aie ordonné cela?

L'intendant répondit encore :

— Oui, Monseigneur.

— Eh bien, maître Luc, reprit Plougaz, je crois que vous avez raison. J'ai souvenir de quelque chose de semblable et j'espère qu'on n'a point encore pu crier la vente?

— Si fait, Monseigneur.

— Du moins vous n'avez pas trouvé d'acheteur?

— Si fait.

Plougaz se leva et fit deux fois le tour de la salle en sifflant l'air d'une vieille fanfare. Ensuite il s'accouda sur l'appui d'une fenêtre et regarda les nuages gris qui couraient au ciel.

Maître Luc le suivait de l'œil comme un chat qui guette sa proie.

— Tu as beau faire, pensait-il tu es pris par le cou.

— Quelle heure est-il? demanda tout à coup M. de Plougaz.

— Onze heures avant midi, Monseigneur.

— Il est temps encore maître Luc! Maître Luc, mon ami, montez sur votre mule et allez à Bécharel. Vous ordonnerez au crieur de proclamer à son de trompe qu'on ait à tenir pour nulle et non avenue sa première publication.

— Y pensez-vous! voulut dire l'intendant.

— Ensuite, continua paisiblement M. de Plougaz, vous vous rendrez auprès de l'acheteur que vous avez trouvé. Vous lui direz qu'il ne prenne point souci de tirer ses écus de son coffre-fort. Je garde mon joli château de Coquerel.

L'intendant poussa un profond soupir.

— Mais dit-il d'un air découragé, quelle raison donner ?

— Mon bon plaisir, maître Luc.

— Encore faut-il...

— Maître Luc, je vous permets de dire que vous êtes sujet à des accès de folie, et que votre folie est de vouloir vendre Coquerel.

— De l'acheter plutôt ! pensa Luc... Monseigneur, ajouta-t-il tout haut, je m'empresse de vous obéir. Mais... qui sait si vous ne changerez point d'avis ?

— Je déteste les « mais, » maître Luc.

— Hélas ! Monseigneur, c'est la première fois que je discute vos ordres.

— C'est une fois de trop.

— Si le malin esprit revenait...

Plougaz regarda son intendant en face, et celui-ci perdit ses fraîches couleurs. Il n'eut point la force d'achever. Le vieux seigneur réfléchit quelques instants.

— On dirait, maître Luc, reprit-il après un silence, que vous connaissez les intentions de l'esprit malin !

— A Dieu ne plaise ! murmura Morfil en se signant.

— Allez faire préparer votre monture. Avant de partir, vous reviendrez chercher mes derniers ordres.

Maître Luc, cette fois, ne se frotta pas les mains en descendant le grand escalier de Coquerel. Cette journée ne valait point celle de la veille. Le joli château lui glissait entre les doigts. Néanmoins, il ne perdit pas courage et résolut de combattre jusqu'au bout.

— Nous avons la nuit pour nous, se disait-il ; demain, la tour du Diable aura fait des siennes et Plougaz ne sera plus si intraitable.

Quand il eut mis le licou et le bât de sa mûle, il revint en la salle à manger. Une idée nouvelle semblait avoir traversé l'esprit du vieux châtelain, qui avait pris un air de joyeuse détermination.

— Il y a de braves gentilshommes dans le pays de Dinan, maître Luc ! s'écria-t-il en le voyant entrer. De par le sang de Yan Plugastel, mon bienheureux aïeul, nous en trouverons dix pour un qui voudront tenter l'aventure!

— Quelle aventure? demanda le Normand inquiet.

— Monsieur Bertrand Duguesclin, le redouté connétable, n'a pas emporté dans sa tombe tout le bon sens de nos veines, continua M. de Plougaz au lieu de répondre. Nous avons la tête dure et le cœur chaud. Ah! maître Luc, Satan verra beau jeu!

Morfil se sentit venir la chair de poule.

— Nous le combattrons, maître Luc! ajouta Plougaz. Vive Dieu! nous le combattrons avec la croix et avec l'épée: les armes du ciel et les armes de la terre. Ah! ah! quand Plougaz se réveille, gare à ses ennemis!

— La croix, passe encore, pensa Morfil, mais l'épée!...

— Et, sur ce, maître, allez chercher l'acquéreur dont vous avez fait la trouvaille. Si je suis vaincu dans la lutte, il sera là tout près pour acheter Coquerel. Pendant votre absence, tous mes gens vont monter à cheval et convoquer mes nobles amis. C'est fête ce soir, au joli château, maître Luc. Après souper, je proposerai au plus vaillant de coucher dans la tour du Diable, en compagnie de monsieur mon cousin, le prieur de Saint-Pierre-en-Plesguen. Ah! ah! allez-vous-en, maître Luc!

Une demi-heure après, dix serviteurs de Plougaz portaient à franc étrier les invitations de leur seigneur. Le joli château était en bonne odeur dans toute la contrée pour ses splendides festins. Tous les invités acceptèrent.

Maître Luc, de son côté, pressait le trot de sa mule sur la route de Dinan; il cherchait en sa tête un moyen de conjurer l'orage. S'il ne s'était agi que de braver l'exorcisme du vénéré prieur de Saint-Pierre-en-Plesguen, le Normand n'eût point été fort embarrassé; mais l'épée d'un gentilhomme, — du plus vaillant, avait dit M. de Plougaz, — comment mépriser semblable chose?

Néanmoins, il n'y avait pas à hésiter; la crise qui se préparait devait être décisive. Il fallait vaincre ou renoncer pour jamais au joli château de Coquerel.

Quand maître Luc souleva le marteau de la boutique de son compère

« Mon père est occupé, » répondit l'héritière du procureur. (P. 79).

le procureur, la grande fille aux yeux gris vint lui ouvrir, et lui souhaita la bienvenue d'un air embarrassé.

— Je suis pressé, dit l'intendant ; où est maître Roch Requin, ma fille ?

— Mon père est occupé, répondit l'héritière du procureur, qui jeta un coup d'œil furtif sur les mains de maître Luc pour voir s'il ne lui apportait point un ruban de velours.

— A cela ne tienne ! entre compères on ne se gêne pas.

L'intendant écarta sans façon la grande fille et entra. Le réduit de maître Roch Requin, éclairé par une seule fenêtre dont les carreaux poudreux ne laissaient point passer beaucoup de lumière, jouissait d'un demi jour qui eût admirablement convenu au boudoir d'une coquette émérite. Au milieu de la chambre on voyait assez distinctement les objets, mais dans les angles et à l'ombre des meubles massifs de chêne noir, on ne voyait rien du tout. Cette circonstance fut cause que maître Luc n'aperçut point en entrant deux hommes et un chien qui se collaient à la muraille, abrités contre le jour par la saillie d'un bahut séculaire

— A bas, Pluto ! murmura sourdement un de ces deux hommes.

Le chien s'affaissa sur ses pattes, mit son museau dans la poussière, et demeura immobile.

— Eh ! bonjour compère ! s'écrièrent en même temps maître Roch et maître Luc Morfil.

Ils s'embrassèrent de tout leur cœur, comme font les gens qui ne se peuvent point souffrir.

— Compère, ajouta maître Luc, vous êtes invité à vous rendre ce soir au château de Coquerel.

— Pourquoi faire ?

— Pour acheter le manoir, compère, s'il plaît à Dieu, et avec l'aide du bienheureux évangéliste, mon saint patron.

— Diable ! Diable ! dit maître Roch.

Maître Luc pirouetta sur lui-même et fit mine de commencer une promenade autour de la chambre, ce qui l'eût amené, sans aucun doute, à découvrir les gens cachés derrière le bahut.

— Compère, s'écria le procureur en retenant dans sa main crochue le pourpoint de l'intendant, restez en place si vous voulez que nous raisonnions ensemble. J'ai le système nerveux très délicat, et tombe du haut mal aussitôt qu'on remue trop autour de moi.

Maître Luc prit un siège et s'assit.

— Vous disiez donc, continua Requin avec un soulagement évident, que vous aviez fait hier un heureux voyage ?

— Je ne parlais point de cela, compère. Je disais : il faut que vous veniez ce soir au château.

— A bien réfléchir, je n'y vois pas d'empêchement, compère. Vous tiendrez les deux mille écus prêts.

— Sans doute.

— Et vous épouserez ma fille ?

— Avec plaisir.

— C'est un trésor que je vous donne là, compère.

— Vous me l'avez déjà dit, murmura l'intendant avec humeur. Au revoir, maître Roch, et ne vous faites point attendre.

Pendant qu'il se dirigeait vers la porte, maître Roch le suivit d'un air narquois et vainqueur.

Dès qu'il fut parti, Pluto secoua les longues soies de son cou et se redressa. Les deux hommes sortirent de leur cachette.

— Vous voyez, Monseigneur, dit maître Roch à l'un d'eux, que je ne vous avais point trompé. J'espère que la franchise de mon aveu protégera ma tête.

— Il me faut pour ce soir deux bons chevaux, un habit complet de gentilhomme et un masque de velours, dit le jeune seigneur qui semblait rêver.

— Vous les aurez.

— Il me faut, pour mon compagnon, un masque aussi et un habit d'écuyer.

— Je serai trop heureux de vous les offrir.

— Tu seras payé plus tard, maître. Que les chevaux soient de bon sang et les habits magnifiques.

Maître Roch sortit pour obéir.

Les deux hommes l'attendirent en silence : le chien s'étendit à leurs pieds.

Quand vint le soir, le joli château s'illumina du sol au faîte. Plougaz n'avait point perdu son temps pendant que ses gens couraient les chemins. Une table splendidement couverte de mets de toute sorte s'était dressée dans la grande salle. Les lustres et girandoles étaient allumés. Sur chaque marche du perron, un homme d'armes, porteur d'une torche enflammée, éclairait la cour.

Bientôt on entendit un bruit de cavalcade. Le pas ferme et vif des nobles chevaux battait au loin la lande. Ensuite le bruit s'étouffa sur le gazon de l'avenue ; puis il retentit plus sec et plus éclatant sur le pavé des cours

C'étaient les invités de Plougaz qui se rendaient à son appel. Maître Luc, retiré dans un coin obscur, en compta trente, et mesura de l'œil trente épées, dont la plus courte lui sembla d'une longueur démesurée.

Ils arrivaient l'un après l'autre ; les chevaux exercés s'arrêtaient court au bas du perron. Ils jetaient la bride à leurs écuyers, et, sautant sur le sol, faisaient sonner les molettes d'or de leurs éperons. C'était, en vérité, un beau spectacle de voir la mine fière de tous ces nobles hommes. Leurs visages, éclairés par la rouge lumière des torches, semblaient plus hautains, leurs costumes plus pittoresques. Le vent du soir faisait onduler doucement les longues plumes de leurs chaperons, tandis qu'ils montaient les marches du perron. Le prieur de Saint-Pierre-en-Plesguen ne vint pas.

La cuisine aussi avait son air de fête. Un véritable incendie brûlait dans l'âtre, et c'est à peine si la vieille Anne, au milieu des vases de toute sorte et des broches superposées, pouvait trouver assez de place pour brûler ses orteils insensibles et tourner le manche de son rouet. Elle restait morne et silencieuse au milieu du fracas et du mouvement. L'odeur des viandes ne semblait point affecter son odorat ; le bruit n'arrivait point jusqu'à son oreille. Peut-être son esprit voyageait-il dans ces espaces mystérieux qui sont le monde des sorciers. Peut-être, pendant que ses pieds touchaient encore la terre des vivants, son âme essayait-elle déjà les sentiers inconnus du domaine des morts.

Les gens de Coquerel avaient oublié leurs terreurs. Cette nuit de répit que Satan avait donnée au château pouvait être un commencement de paix définitive. Les plus poltrons retrouvaient courage. C'était un mouvement général, une activité universelle, une joie contagieuse et bruyante. Il n'y avait d'insensible que la vieille Anne, et Yvonne, la fiancée de Yaumi, qui se cachait pour verser des larmes.

M. de Plougaz, debout au milieu de son salon, recevait ses hôtes avec respect, cordialité ou condescendance, suivant qu'ils étaient ses supérieurs, ses égaux ou ses inférieurs ; mais il gardait toujours, envers tous, une grave et irréprochable courtoisie, parce que, en dehors des distinctions accidentelles ou natives, il y avait entre tous une égalité fondamentale : il était entouré de ses pairs.

Quand le dernier invité fut entré, on ferma la porte extérieure, et le festin commença.

Il est à peine besoin de dire que les convives s'acquittèrent comme il faut de leur joyeux devoir. Les mets disparaissaient, les coupes s'entrechoquaient sans relâche, et l'esprit breton, assez paresseux de sa nature, mais susceptible néanmoins de produire, quand on le chauffe, des plaisanteries aussi ressassées et des coq-à-l'âne aussi lourds que l'esprit parisien lui-même, — l'esprit breton, disons-nous, faisait ce soir-là merveilles. M. de Plougaz, lui seul, fit soixante-quatorze calembours, au dire de la chronique où nous puisons cette histoire. Il lança tant de sarcasmes à Judicaël Trévesron, chevalier de Conantruiltz, riche capitaliste, que le dit chevalier tira trois ou quatre fois son épée de deux aunes. Il faut faire observer que le dit Trévesron s'était porté récemment acquéreur du manoir de Coatvizillirouët, ce pourquoi M. de Plougaz lui gardait une dent légitime.

Au second service, au moment où l'allégresse générale était à son comble, M. de Plougaz manda son intendant. Morfil parut aussitôt, dans son costume des grands jours et portant au cou la chaîne d'argent officielle.

— Maître Luc, lui dit M. de Plougaz, va me chercher cet acquéreur que tu as trouvé pour mon château de Coquerel.

Tous les convives ouvrirent de grands yeux. Maître Luc obéit.

— Eh quoi ! Plougaz, dit un cadet de Porhoët, tu veux vendre le joli château, mon vieux compagnon ?

— Le Diable m'y force, messieurs, dit Plougaz avec calme.

On se méprit au sens de ses paroles.

— Je vous prêterai dix mille livres, mille ducats, dix mille écus ! s'écria-t-on de toutes parts.

Voilà ce qui fut dit ; nous l'affirmons en conscience. L'eût-on fait le lendemain ?

Maître Luc rentra, tenant par la main maître Roch.

— Le procureur! dit-on avec dégoût. Vendre à un gratte-parchemin le plus gentil fief de la contrée !

— Plougaz, je vous prêterai vingt mille livres, deux mille ducats, vingt mille écus.

Le chevalier de Conantruiltz fut le seul qui ne dit rien. Pour cette raison il ne fit point de mensonge.

— Je ne veux pas de votre argent, mes loyaux compagnons, répondit Plougaz, mais je vous demande vos services.

— Que faut-il faire?

— Vous m'avez mal compris. Ecoutez.

Ici M. de Plougaz raconta ce qui se passait chaque nuit à la tour du Diable. Pendant qu'il faisait ce récit, une demi-douzaine de convives disparurent à petit bruit.

— Ce qu'il faut faire? demanda-t-il en finissant; il faut que l'un de vous couche cette nuit à la tour du Diable.

L'intrépidité est en Bretagne une qualité banale, mais l'intrépidité bretonne ne sait braver que les dangers matériels. Parmi tous ces guerriers, dont le moins vaillant eût volontiers combattu dix hommes en champ clos, il n'y en eut pas un qui ne frémit à la proposition de Plougaz.

— Vous ne répondez pas ! reprit celui-ci avec inquiétude et reproche.

— Mon voisin, dit le chevalier de Conantruiltz, je vous présente mes civilités. Au revoir, messieurs, mes amis !

Il sortit. Quelques autres imitèrent son exemple. Vingt convives restèrent autour de la table

— Il faudra donc vendre le joli château de Coquerel ! prononça tristement M. de Plougaz.

Maître Luc avait peine à contenir sa joie. Maître Roch ne disait rien et n'en pensait point davantage.

Tout-à-coup le cadet de Porhoët frappa joyeusement la table de son gantelet.

— Par saint Guignolé, messieurs ! s'écria-t-il, le joli château ne sera point vendu, et Plougaz aura raison de son ténébreux ennemi. Nous voilà en cette salle vingt honnêtes seigneurs qui craignons Dieu, mais rien autre chose. Ne pouvons-nous coucher tous ensemble dans la chambre hantée ?

Maître Luc mordit sa mince lèvre jusqu'au sang.

Au moment où le cadet avait pris la parole, la porte s'était doucement ouverte. Un gentilhomme, richement vêtu et le visage couvert d'un masque de velours, parut sur le seuil et s'y arrêta inaperçu. Derrière lui se tenait un écuyer également masqué ; derrière l'écuyer, dans l'ombre, on aurait pu voir deux yeux rouges et lumineux, les yeux du chien Pluto qui, seul des trois, n'avait point de masque.

— Hé bien, messieurs, que vous en semble ? reprit le cadet de Porhoët.

Les convives de Plougaz burent une dernière coupe et se levèrent.

— Ainsi soit-il, répondirent-ils. Nous coucherons dans la chambre hantée.

Le gentilhomme au masque de velours traversa la salle, suivi de son écuyer, que suivait Pluto. A sa vue, un sourire narquois parut sur la lèvre de maître Roch Requin, qui regarda en dessous maître Luc Morfil, son compère.

— Fi ! messeigneurs, dit le nouveau venu d'un ton bref et hautain, vingt hommes contre un diable ! C'est dix-neuf de trop.

Au son de cette voix, maître Luc sentit tressauter son cœur dans sa poitrine ; M. de Plougaz lui-même fut ému sans savoir pourquoi.

— Faites faire vos lits, mes vaillants seigneurs, dans des chambres où vous puissiez sommeiller en paix, reprit l'inconnu. Pour l'honneur du pays de Bretagne, je ne souffrirai point que vingt lames soient dégaînées contre une seule arme, fût cette arme la corne de Satan !

— Qui êtes-vous demandèrent en même temps dix voix courroucées, qui êtes-vous pour oser parler ainsi ?

— Mon nom importe peu, messeigneurs, et, s'il vous plaît, je ne vous le dirai que demain. Tenez-vous en paix. Moi, mon écuyer et mon chien nous coucherons dans la tour du Diable.

A ces mots, l'inconnu saisit sur la table un flambeau allumé, et se dirigea vers la porte, choisissant sans hésiter celle qui conduisait à la tour du nord. Son écuyer marcha sur ses traces, et Pluto suivit l'écuyer. Dans le trouble général, personne ne prit garde au chien.

Les convives restèrent stupéfaits. Plougaz avait mis sa tête entre ses mains. Maître Luc reprit son sourire. Maître Roch cligna de l'œil d'une façon expressive. Nous pensons que ce procureur en savait plus long qu'il ne lui convenait de le faire paraître.

Maître Roch.

Les convives restèrent stupéfaits.

CHAPITRE VI

OU LE DIABLE RIT

Nous savons que la chambre hantée avait servi autrefois de retraite au jeune seigneur de Plougaz, avant son départ pour la Palestine. Dans la journée, on avait tout préparé pour la rendre habitable au chevalier qui devait être désigné pour tenter l'aventure. Deux lits étaient dressés. Sur les tables de nuit, deux vases pleins de vin, avec leur coupe d'argent, invitaient les hôtes de Coquerel à boire le coup du soir avant de s'endormir.

Or, c'était maître Luc qui avait placé les vases, et maître Luc ne faisait rien qu'à bon escient.

L'inconnu et son écuyer entrèrent, toujours suivis de Pluto. Ils se démasquèrent. Le maître était Arthur de Plougaz; le serviteur était Yaumi.

Arthur promena son regard triste autour de la chambre.

— La dernière fois que j'ai vu ces peintures et ces tapisseries, pensa-t-il, elles étaient vives et brillantes; mon cœur était jeune et chaud. Les années ont passé sur tout cela : j'ai pénétré les mystères de la vie; mon cœur s'est flétri comme se sont fanées ces peintures.

Quand Arthur et Yaumi eurent dévotement fait leur prière du soir, ils burent une coupe de vin pour se donner de la force en cas d'attaque nocturne, et se jetèrent sur leur couche, tout habillés, tenant à la main leurs épées nues. Pluto s'était silencieusement glissé sous le lit d'Arthur.

A peine le maître et le serviteur étaient-ils couchés, qu'ils tombèrent en un sommeil de plomb. Maître Luc avait mêlé au vin placé sur leur table une boisson narcotique ; depuis dix heures jusqu'à minuit, ils ronflèrent à l'envi l'un de l'autre.

A minuit, maître Luc, le visage noirci et la tête coiffée de cornes effrayantes à voir, entra par la porte dérobée ; il apportait tout son attirail : chaînes, résines, ferrailles, etc., etc. On devine qu'il n'avait point oublié son petit poignard.

Il s'approcha des lits à pas de loup.

— Ce sont bien eux, dit-il après les avoir contemplés pendant une seconde.

Il déposa son fardeau et tira son poignard.

— A tout prendre, ajouta-t-il, ma conscience ne sera ni plus ni moins chargée, puisque je croyais les avoir tués tous les deux.

En conséquence de cet argument, maître Luc dépêcha Yaumi pour l'autre monde à l'aide de son petit poignard. Cette fois, il eut soin de frapper comme il faut, afin de n'avoir point à recommencer.

Restait Arthur de Plougaz. Au moment où Morfil se retournait pour s'occuper de lui, un grognement étouffé se fit entendre. Maître Luc tendit l'oreille et s'arrêta.

— Bah ! pensa-t-il après une minute d'anxiété, ce sont mes oreilles qui tintent.

Il leva le bras et écarta les couvertures du lit d'Arthur de Plougaz. Un second hurlement sembla percer le plancher.

Néanmoins maître Luc frappa Arthur. Le jeune seigneur poussa un grand cri et rendit l'âme. A ce cri Pluto bondit hors du gîte qu'il s'était fait sous le lit de son maître, et mit ses deux pattes sur la couverture. Morfil, à son aspect, avait reculé jusqu'à l'autre bout de la chambre.

Le chien lécha la blessure saignante et jappa plaintivement.

Luc avait peur ; il voulut se glisser le long de la muraille et gagner la porte secrète. Mais à peine avait-il fait la moitié du chemin, que Pluto,

« Grâce, Pluto! grâce! »

quittant tout à coup le lit, sauta au milieu de la chambre et lui barra le passage.

L'homme et le chien se regardèrent. Jamais la rouge prunelle de Pluto n'avait été d'un écarlate si ardent. C'étaient deux globes de feu qui rayonnaient sous les poils hérissés de ses paupières. Il avait ramassé sous lui ses musculeux jarrets; son ventre touchait le sol.

Maître Luc se prit à trembler comme la feuille; ses dents claquèrent; le poignard s'échappa de sa main.

— Grâce! Pluto, grâce! s'écria-t-il affolé par sa terreur.

Pluto gronda sourdement, ouvrit sa large gueule, et s'éleva sur ses jarrets tendus. Puis il saisit l'intendant par le cou, et fit jouer ses puissantes mâchoires.

Maître Luc devint livide, puis rouge, puis violet.

Quand Pluto lâcha prise, il tomba lourdement à la renverse.

De compte fait, il y avait là trois morts. Pour lequel d'entre eux était le « cierge? »

Ici la tradition se bifurque en deux versions, dont l'une est merveilleuse, et l'autre naturelle.

Comme de raison, la première est la plus accréditée. La voici :

On ne trouva qu'un seul cadavre dans la tour du Diable : celui de maître Luc Morfil. Personne n'entendit parler jamais du chevalier qui avait couché dans la chambre hantée, ni de son écuyer.

Quelques mois après, M. de Plougaz reçut de Terre-Sainte une missive qui lui annonçait la mort de son fils. Cette mort avait eu lieu le jour où les gens de Coquerel virent un cierge planer au-dessus des cheminées du joli château.

De là les habiles infèrent que le chevalier et son écuyer étaient le spectre du jeune Plougaz et celui du pauvre Yaumi. Les deux victimes de l'intendant avaient soulevé la terre de la tombe afin de se venger, — ce qui est breton.

Pluto n'était autre chose qu'un démon subalterne qui attendait le trépas de maître Luc pour emporter son âme en enfer.

Voici la seconde version :

M. de Plougaz fit enterrer en grande pompe son unique héritier. Yaumi eut une humble croix au cimetière, et l'on vit bien souvent Yvonne agenouillée au pied de cette croix. Le corps de maître Luc fut jeté aux corbeaux, mais les corbeaux ne voulurent point du corps de maître Luc.

Depuis ce jour nulle apparition diabolique ne troubla le joli château de Coquerel

Pluto, le fidèle ami, vécut de longs jours et fut honorablement empaillé.

Comme le nom de Plougaz ne s'éteignit que trois ou quatre siècles après, on doit croire que le vieux seigneur prit femme, comme c'est le devoir d'un noble homme qui voit mourir son héritier.

Il trouva dans l'armoire de fer de maître Luc de quoi payer les frais de la noce.

Les frais de la noce payés, il resta encore tant d'écus dans l'armoire, que Plougaz fit réparer la chapelle du joli château, et retira des mains de Conantruiltz son manoir de Coatvizillirouët, dont il cessa subitement de trouver le nom ridicule.

Quant à la vieille Anne Parker, elle atteignit un âge si phénoménal que nous n'osons point le dire. Les arrière-petits-fils des personnages de cette histoire la virent remuer les lèvres sans parler, rôtir ses orteils dans les cendres et filer sans chanvre ni quenouille.

De temps à autre, tous les dix ou quinze ans, elle retrouvait la parole pour demander des nouvelles de Simon Troarec, le bel intendant de Plougaz. Un jour, à l'heure des vêpres, elle cessa de tourner son rouet, et se prit à chanter :

>   Le soir, on danse sur l'aire,
>   Sur l'aire à battre le blé :
>   Ah ! c'est qu'il fait bon sauter
>   Quand vient la brune...
>   Et vous, gars à marier,
>   Cherchez fortune.

Pendant qu'elle chantait ainsi, la flamme du foyer toucha par hasard le bord de sa jupe. La vieille s'embrasa aussitôt et fut consumée en un clin d'œil comme un paquet de paille desséchée.

Mort d'Anne Parker.

Entre Bécherel et Dinan, l'opinion générale est que, sans cet événement fortuit, la vieille Anne Parker existerait encore.

ANNE DES ILES

Le pillage du navire naufragé.

ANNE DES ILES

TRADITION DE LA MER BRETONNE (1)

Il y a bien longtemps, près du lieu où fut bâtie la ville d'Audierne, au département du Finistère, en Bretagne, il y avait un village dont on ne sait plus le nom. Ses dernières maisons touchaient à la grève et baignaient dans le flot le galet de leurs murailles quand venaient les grandes marées d'équinoxe. D'un côté du village était la mer, de l'autre la lande : la lande aride

---

(1) Cette tradition, qui est presque populaire dans le Morbihan et que les habitants des côtes de l'Yroise ont au contraire oubliée, fut sans doute apportée à Sourdéac (Morbihan) par les vassaux du marquis d'Ouessant, seigneur de Sourdéac. Les anachronismes que les rustiques conteurs ont introduits dans le récit sont de ceux que chacun peut redresser, et nous avons cru devoir les y laisser pour conserver à l'histoire sa couleur. Nous l'avons écrite, autant que possible, telle que nous l'avons entendu souvent raconter en Bretagne, près du manoir ruiné des anciens sires de Rieux, qui furent si longtemps maîtres d'Ouessant.

comme la mer, immense comme elle. Le pain manquait souvent dans les cabanes.

Or, les gens de ce pays ne connaissaient pas, ou avaient oublié le Dieu bon qui aide à souffrir. Ils murmuraient, ils blasphémaient.

Et quand, de loin, le canon d'alarme grondait dans la baie des Trépassés, ils tombaient à genoux et rendaient grâce au démon ; puis ils descendaient en troupes sur la grève. Plus la tempête était furieuse, plus ils sentaient de joie dans leurs cœurs. C'était pour eux que travaillait la tempête.

— La mer, disaient-ils, a ses moissons comme la terre ferme ; la tempête est le jour de nos récoltes.

Ils appelaient ainsi les navires en détresse que la tourmente jetait à la côte. Le récolte mûre, c'est-à-dire le vaisseau brisé, ils couraient sus aux naufragés. Ils disaient encore :

— Partage égal ! A nous l'argent, les marchandises, à nous l'eau-de-vie ! A la mer les cadavres !

Et sur la grève même, un hideux festin commençait. On buvait, on dormait, puis on buvait encore. Le convive, vaincu par l'ivresse, tombait une seconde fois. On l'éveillait mourant, il buvait encore, et souvent, quand il retombait, c'était pour ne plus se relever.

Lorsqu'il n'y avait plus rien à boire, on rentrait dans les chaumières. L'inanition succédait à l'ivresse. Ceux qui n'étaient pas tués par l'orgie mouraient de paresse et de faim.

C'était ainsi que vivaient les gens de la côte avant que fût bâtie la ville d'Audierne.

On parle des îles d'Amérique qui sont pleines de tabac et d'or, on en parle ; mais où sont-elles ? qui les a vues, sinon des matelots ? et les matelots sont conteurs. Ils rêvent dans leurs hamacs de corde ; c'est de leurs rêves qu'ils nous entretiennent au retour. La vérité est qu'il n'y a point au monde d'îles aussi belles que les îles de Bretagne. Ouessant est la plus belle de ces îles.

Le roi dit un jour à messire Jean (1) :

— Mon homme, demande-moi une chose que ma main puisse te donner, tu l'auras.

---

(1) Jean de Rieux, marquis d'Ouessant.

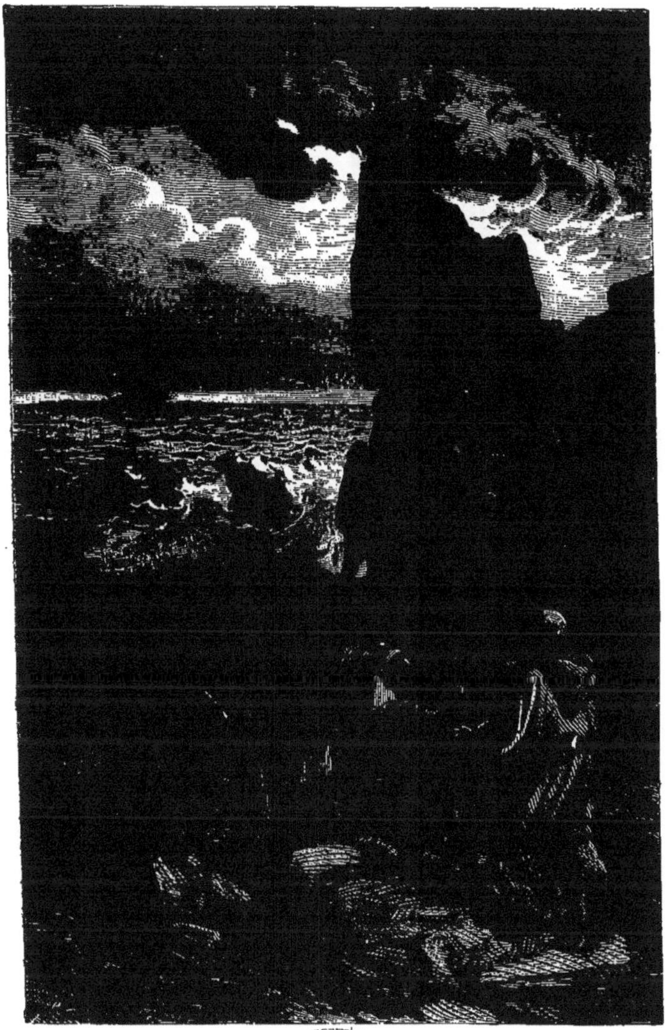

Le village maudit.

BIBLIOTHÈQUE NATIONALE
RF

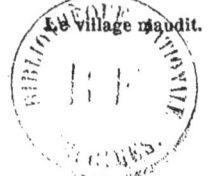

Messire Jean ne demanda ni Nantes, ni Rennes, ni Saint-Malo, ni même Douarnenez ; il dit :

— Mon roi, je veux Ouessant, la belle île.

Le roi sourit ; mais il ne connaissait pas Ouessant. Il ne l'avait pas vue dressant fièrement la tête au milieu de l'Océan soulevé. Il n'avait pas vu le blanc diadème de brouillard qui couronne son front, les matinées d'été. Le roi ne connaissait pas Ouessant.

Avant qu'Audierne fût bâtie, Ouessant n'avait qu'un village, dont les habitants ne valaient guère mieux que ceux de la côte. Ils vivaient de pillage. Quand les naufragés manquaient, ils mettaient à flot leurs barques et rançonnaient les pieux moines de l'île de Sen. Ceux-ci priaient nuit et jour pour la conversion des païens leurs voisins ; mais les gens d'Ouessant et surtout ceux de la côte ne voulaient point croire à une religion qui commande de secourir les naufragés au lieu de les achever.

Voici ce qui se passa un soir d'automne, à la mi-septembre, en marée.

La cloche du petit monastère de Sen venait de sonner l'Angelus, on avait déjà fermé toutes les portes, tant était grande au couvent la crainte des pirates de l'Yroise (1). De rares lumières apparaissaient çà et là aux fenêtres grillées : les cierges s'allumaient dans la chapelle. Au moment où les premiers chants du salut se faisaient entendre, une porte latérale du couvent s'ouvrit et se referma sans bruit ; un vieillard, appuyé sur un long bâton blanc, commença à descendre la rampe sablonneuse qui conduisait de la maison sainte à la mer.

Il semblait bien vieux et marchait avec peine ; de temps à autre il s'arrêtait pour respirer ; il relevait sa tête alors et contemplait le ciel avec inquiétude.

La lune, courant sous les nuages comme un blanc navire entouré d'écueils, se dégageait parfois tout à coup et laissait tomber d'aplomb sa lumière sur le front du vieillard. C'était un homme parvenu aux dernières limites de la vie. Son visage était calme et doux, son crâne chauve s'entourait d'une couronne de cheveux blancs si légère qu'on l'eût prise pour ces flocons de brouillards printaniers qui se jouent, au crépuscule du matin, sur les

---

(1) L'Yroise est un grand golfe compris entre l'île d'Ouessant et la pointe du Raz. La chaussée de Sen ou des Saints le borne au sud-ouest.

croix des calvaires, et figurent un diadème argenté au front divin du Fils de Marie.

La nuit était calme ; mais, pour un habitant de ces contrées, il y avait dans l'air des signes nombreux et manifestes de tempête prochaine. Les nuages assombrissaient leurs teintes et s'abaissaient à l'horizon ; la brume se fendait et laissait voir par places de longues échappées de mer ; quelques éclairs muets déchiraient au loin le ciel.

Le moine cheminait toujours ; il se hâtait, le pauvre vieillard ; la sueur ruisselait sur ses joues ridées. Au premier souffle du vent de mer qui, se levant tout à coup, vint frapper son visage, il poussa un sourd gémissement.

— Sainte Mère de Dieu, priez pour lui ! murmura-t-il.

Et il pressa le pas davantage, trébuchant à chaque galet, et forcé de s'arrêter souvent pour attendre une éclaircie et reconnaître son chemin.

Tout à coup, au delà du golfe, sur la côte de Bretagne, plusieurs fanaux apparurent qui se prirent à vaciller comme des lanternes de navire bercées par le tangage (1). Tantôt elles couraient en ligne droite, tantôt, changeant brusquement de direction, elles imitaient le mouvement d'une embarcation qui vire de bord et prend une autre bordée.

Le moine s'arrêta comme atterré.

— Seigneur, mon Dieu ! s'écria-t-il en tombant à genoux, ne permettras-tu point que le démon soit vaincu dans le cœur de ces malheureux sauvages ?

Anne était fille de Joël Bras, qu'on nommait plus souvent le prêtre des îles. Joël, de son vivant, était le dernier débris d'une communauté jadis puissante et dont les vieillards savaient le nom (1). Il conjurait la tempête à l'aide de la neuvième corde de sa harpe, et chevauchait sur un bois de lance pour aller rendre visite aux esprits de l'air. C'était un homme puissant et redoutable : les gens d'Ouessant et ceux de la côte le craignaient.

---

(1) Plusieurs écrivains ont parlé de cette circonstance, et tout le monde connaît cet usage barbare qui consistait à suspendre des lanternes aux cornes de vaches *enheudées*, c'est-à-dire rendues boiteuses par des liens qui embarrassaient leurs jambes. Ces animaux, en marchant sur le rebord des falaises, imitaient en boitant le balancement d'un navire sous voiles, et trompaient les marins engagés dans la baie.

(1) Les bardes.

On disait que sa demeure renfermait d'incalculables trésors. Quand les serviteurs du vrai Dieu étaient venus s'établir à Sen, ils avaient d'abord opéré quelques conversions. Mais Joël s'était irrité ; il avait menacé de composer un chant si redoutable que la mer quitterait son lit et blanchirait de son écume les toits les plus élevés du village. On crut Joël, et les saints moines furent persécutés.

Cependant Joël avait passé de vie à trépas, et sa fille, la belle Anne des Iles, héritait de toute son influence. Anne était païenne comme son père ; mais elle était douce et compatissante ; plus d'un malheureux naufragé lui avait dû la vie, et si parfois, dans les nuits de tempête, les fanaux trompeurs de la côte cessaient tout à coup de briller et d'attirer à une mort certaine les matelots en péril, c'est qu'Anne avait un arc et des flèches, et que la flèche d'Anne n'avait jamais manqué son but.

Comme toutes les prêtresses d'alors, elle était vouée au célibat ; mais la fausse religion qu'elle professait n'avait déjà plus qu'un bien faible empire sur les hommes d'Ouessant et des côtes. Le dernier prêtre des anciens dieux était mort ; Anne était belle, les jeunes hommes du pays, qui ne connaissaient d'autres divinités que leurs passions, la regardèrent avec envie.

L'un d'eux, le plus hardi, Niel Roz de Kermor, sauta un soir dans sa barque et toucha la grève de Sen, au-dessous de la falaise où la fille de Joël faisait sa résidence. Niel amarra sa barque et escalada la falaise. — Le lendemain, des débris de bateau jonchaient les sables d'Ouessant, et nul ne vit jamais plus Niel Roz de Kermor.

Depuis lors chacun trembla au seul nom d'Anne des Iles. Le sang de Joël coulait en elle. C'était une prêtresse et une magicienne. Malheur à qui la rencontrait sur son chemin !

Le soir, quand le brouillard enveloppait la baie, on voyait parfois sa barque jouer comme un léger flocon d'écume au plus haut sommet des vagues, puis descendre bondissante, se précipiter dans l'entre-deux des lames, et gravir ensuite leur rampe bouillonnante pour retomber et se relever encore. Les bateaux pêcheurs viraient de bord sur sa route. Pour tout l'or du monde, on n'aurait pu déterminer un homme, depuis Douarnenez jusqu'aux îles d'Ouessant, à couper le sillage de son esquif. S'il fallait faire un long détour, on gagnait le large plutôt que de franchir cette magique barrière où, disait-on, la mort se cachait entre deux eaux pour attendre sa proie.

Anne elle-même semblait encourager cette terreur, et fuyait les regards des hommes. Il ne lui fallait qu'une minute pour se perdre dans la brume ou derrière un rocher. Ni récifs ni brisants ne pouvaient arrêter sa marche. Une goutte d'eau semblait suffire à son esquif. Peut-être même savait-il bondir comme ces poissons dont parlent les matelots au long cours, poissons qui ont des ailes et qui volent ni plus ni moins que des oiseaux. Les matelots disent cela.

Durant la tempête elle amenait sa voile et quittait le gouvernail. On pouvait alors la rencontrer assise à l'arrière de sa barque, immobile, les bras croisés sur sa poitrine, dans l'attitude du fier et intrépide dédain. Là où les bateaux pêcheurs se brisaient, la barque d'Anne passait, effleurant l'eau de sa quille, et mouillant à peine les planches de sa coque dans l'écume de la vague. La tempête respectait Anne, qui était le sang de Joël.

Nul ne pouvait dire que cette vierge puissante fût un être malfaisant. Si Niel Roz de Kermor avait été puni, c'est qu'il avait été téméraire.

Mais tout à coup on vit Anne des Iles monter plus souvent son esquif et venir croiser plus près des côtes. Quand le temps restait calme, elle se tenait, comme autrefois, à l'écart; mais si le vent du large s'engouffrait dans la baie, elle accourait. Sa barque, toujours sûre de sa route, toujours rapide, sillonnait en tous sens la mer : Anne cherchait des malheureux à secourir.

Souvent le pêcheur superstitieux s'épouvantait, en voyant l'esquif d'Anne fondre sur sa barque en détresse comme l'épervier fond sur sa proie. Il tremblait et invoquait les dieux impuissants de ses pères. Anne approchait toujours; le pêcheur, brisé par la frayeur, couvrait son visage de ses mains et se laissait choir au fond de sa barque. Quand il se relevait, il se trouvait sain et sauf à la grève. Anne et son esquif avaient disparu.

Quelques-uns enfin s'enhardirent; ils osèrent, en ces moments de péril suprême, garder l'œil ouvert et observer cette femme autour de laquelle régnait le mystère; ils la virent porter la main à son front, puis à sa poitrine, puis à l'une et à l'autre épaule, en murmurant des paroles inconnues, — comme faisaient les moines de l'île de Sen. — Ils la virent lancer sur leurs barques un petit grappin, hisser sa voile et les prendre ainsi à la remorque.

Ils allaient, ils allaient si vite que le souffle leur manquait.

A ceux-là la fille de Joël disait en les quittant :

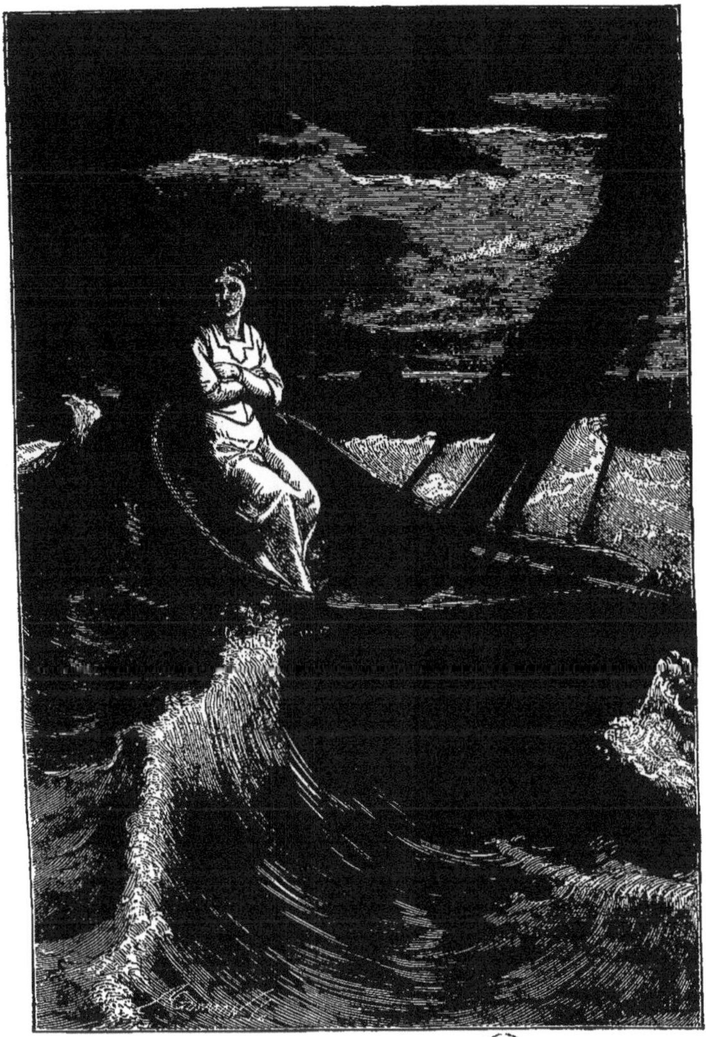

La barque d'Anne.

BIBLIOTHÈQUE NATIONALE R.F.

— Souviens-toi, et fais pour autrui ce que j'ai fait pour toi, au nom du Père, du Fils et du Saint-Esprit !

Puis son esquif remontait le flot et se perdait derrière les hautes lames.

Cette conduite avait changé le cours de la superstition : Anne était regardée comme une divinité favorable; on la craignait encore, mais on l'aimait; et si elle eût exigé toute autre chose que la pitié pour les naufragés, on lui aurait sans aucun doute obéi.

Quand le vieux moine arriva au but de sa course nocturne, le ciel était complétement couvert de nuages épais. La marée montait, et ce fracas sinistre, précurseur de la tempête, commençait à se faire entendre au loin sur les flots.

Le vieillard était parvenu tout en haut d'une falaise aride et pelée, dominant à pic l'Océan. Il poussa un soupir de soulagement, comme un homme arrivé au terme de sa tâche, et, heurtant le roc de son bâton ferré, il attendit.

Rien dans ce lieu sauvage et retiré ne semblait motiver le contentement du moine : point de croix, s'il était venu pour un pèlerinage; nul toit à plus d'une demi-lieue à la ronde, s'il était venu à un rendez-vous.

Le vieillard attendit pourtant avec patience; il s'était assis, la tête entre ses mains, et réfléchissait. Une voix d'une douceur exquise, mais forte et vibrante à la fois, prononça ces paroles à quelques pas de lui :

— Au nom du Père, du Fils et du Saint-Esprit, dom Geoffroy, je vous salue. Soyez le bienvenu.

Et comme de larges gouttes de pluie chassées par un vent furieux fouettaient le front chauve du moine, une main douce saisit la sienne dans l'ombre. L'instant d'après il était assis sur un siége de bois dans une sorte de grotte éclairée par une torche de résine. A genoux, près de lui, était une jeune fille de dix-huit ans, dont le charmant visage disparaissait presque sous une profusion de cheveux blonds épars sur ses épaules. Elle courbait la tête et parlait; le moine écoutait. Quand elle se tut, le moine prit à son tour la parole et, au nom de Dieu, il lui remit les fautes qu'elle venait de confesser au tribunal sacré.

Anne des Iles, — c'était elle, — se leva et, rejetant en arrière les boucles de ses beaux cheveux :

— Mon père, dit-elle, je remercie Dieu de vous avoir envoyé près de moi à cette heure, car la tempête s'annonce terrible, et mon devoir m'appelle.

Dom Geoffroy ne répondit pas. Il contemplait la jeune fille et semblait plongé dans une profonde méditation. Sans doute il songeait à la clémence divine, qui, faisant croître l'herbe salutaire à côté du poison, avait placé, dans le voisinage de ces populations féroces de la côte, un ange de dévouement et de charité. Le lieu même où il se trouvait en ce moment encourageait sa rêverie. C'était une salle demi-souterraine, construite dans une large anfractuosité du roc. Au milieu, une table massive de granit, sur laquelle étaient gravés certains signes à l'usage des sorciers et des prêtres de cette religion sinistre que suivaient les gens de la côte avant qu'Audierne fût bâtie, disait assez quelles cérémonies s'étaient autrefois accomplies en cet asile. Dans un coin, la serpe dorée dont s'était servie Anne au temps où son père l'initiait aux sciences défendues, pendait, attachée à la muraille, auprès de la harpe et du couteau sacré du vieux Joël Bras.

Mais la harpe, le couteau et la serpe étaient couverts de poussière, tandis que l'image du Christ, appendue au-dessus de la couche de la jeune fille, brillait et attestait des soins respectueux de chaque jour.

Du dehors, en haut de la falaise, on ne voyait rien : Le toit de cette demeure souterraine, presque aussi vieille que le sol, s'était couvert à la longue d'une couche de mousse et de fucus semblable en tout à la maigre végétation environnante.

— Ma fille, dit enfin le moine, vous êtes forte et vous êtes courageuse ; mais vous ne suffirez pas à votre tâche de cette nuit.

— Il y a un vaisseau dans la baie, répondit Anne ; je le sais.

— Il y a deux vaisseaux, ma fille.

— Que Dieu les protége ! Si l'effort d'une chrétienne peut les sauver, ils ne périront pas, mon père.

— Noble enfant! dit dom Geoffroy en appuyant sa main sur l'épaule d'Anne des Iles. Le courage de la foi est en vous ; mais il ne faut point tenter la Providence, et cette nuit vous aurez un auxiliaire.

— Qui ? demanda la jeune fille avec vivacité.

— Niel Roz de Kermor, prononça lentement dom Geoffroy en attachant sur elle un regard perçant et inquiet.

Anne changea de visage à ce nom. Une rougeur subite couvrit sa joue, qui, bientôt après, devint plus blanche que la neige fraîchement tombée.

— Niel Roz de Kermor! répéta-t-elle.

— Il va venir, dit encore dom Geoffroy.

— Ici! s'écria la fille de Joël avec agitation; ici, Niel Roz... Jamais!

Puis, se levant et faisant sur elle-même un soudain effort, elle ajouta avec calme :

— Niel Roz de Kermor est entré ici une fois, mon père. La porte ne se rouvrira point pour lui.

— Hélas! dit le bon religieux à voix basse, que faire pour sauver les malheureux menacés de naufrage?

Au nom de Dieu, il lui remit les fautes qu'elle venait de confesser. (P. 105.)

— Ecoutez-moi, mon père, reprit Anne des Iles d'un ton tranquille et ferme, Niel Roz est un bon marin ; qu'il monte la barque du couvent.

— Le couvent n'en a plus, ma fille ; les pirates d'Ouessant l'ont coulée.

— Alors qu'attendez-vous de moi?

— Je voulais, dit le vieillard, je voulais frapper d'une terreur salutaire les cœurs endurcis des habitants de la côte. Niel n'a pas reparu parmi eux depuis cette nuit où il aborda sur le rivage de Sen.

— Je le sais, mon père.

— Ils le croient mort. S'ils le voyaient venir à eux tout à coup au moment où, occupés de leur abominable besogne, ils dépouilleront les naufragés, peut-être seraient-ils saisis d'épouvante au point d'abandonner leur proie,

Anne réfléchit une seconde.

— Ils l'abandonneraient, dit-elle, je crois qu'ils l'abandonneraient. Mais, pour qu'il apparût ainsi au milieu d'eux, il faudrait donner place à Niel Roz dans ma barque.

— Il le faudrait, ma fille.

On entendit le bruit d'un bâton ferré frappant contre le roc.

— Eh bien? dit le moine.

Anne s'était levée.

— Je conduirai Niel Roz en terre ferme, dit-elle.

Le soir où, cédant à une mauvaise pensée, Niel Roz de Kermor avait quitté la côte pour se rendre près d'Anne, il avait, avant d'escalader la falaise, abandonné sa barque, faiblement amarrée, à la merci des flots. La barque fut détachée par la marée montante et ses débris furent portés à la côte. En fallait-il davantage pour motiver le bruit de sa mort?

Le pays tout entier crut que Niel Roz avait payé sa témérité de sa vie.

Après avoir abandonné sa barque, cependant, Niel avait grimpé de roche en roche, et, à force de chercher, il avait fini par trouver l'entrée de la demeure souterraine. Niel était robuste autant que hardi; la porte, violemment ébranlée par lui, céda. Il entra.

Anne des Iles, dont le père était mort depuis peu, était alors païenne, et accomplissait en secret les rites de sa religion maudite. A l'instant où entra Niel, elle coupait des herbes magiques à l'aide de sa serpe dorée, et composait un charme suivant les enseignements de son père.

On dit qu'il était dangereux de troubler dans l'exercice de leurs pratiques superstitieuses les sorcières de Sen; car Sen a eu de tout temps des sorcières. Au temps de leur puissance, si un homme se présentait à leurs yeux, elles le faisaient périr dans les plus atroces supplices.

Anne vivait seule; elle avait fait vœu de ne jamais respirer sous un toit le même air qu'un homme. Nous verrons plus tard si elle savait accomplir ses serments.

Indignée à la vue de Niel, elle se précipita. Sa serpe dorée se plongea dans la gorge du malheureux jeune homme. Il tomba.

Anne demeura près de lui, anéantie. Elle jeta loin d'elle l'instrument du meurtre et essaya vainement d'arrêter le sang de sa victime. Niel tournait vers elle des yeux mourants et qui semblaient pardonner.

Ceci se passait le soir. Au milieu de la nuit, Anne, agenouillée près de Niel dont le souffle s'affaiblissait rapidement, fut frappée d'une idée subite. Elle franchit en courant le seuil de sa demeure, descendit la falaise en quelques secondes, et, gravissant le rocher qui servait d'assise au couvent, elle vint tomber épuisée en dehors de la porte. Par un dernier effort, elle souleva le marteau.

Les moines, malgré leur situation précaire au milieu de ce pays hostile, ne refusaient jamais l'hospitalité. Bientôt Anne évanouie fut entourée par les bons religieux. Plusieurs la connaissaient ; ceux-là furent obligés de faire appel à leur foi charitable pour réprimer le mouvement d'aversion que soulevait en eux la fille de leur ennemi le plus cruel. Mais pardonner est la vertu du chrétien, et d'ailleurs Anne avait besoin de secours.

A peine revenue à la vie, elle montra d'un geste désespéré le chemin de sa cabane.

— Un homme, dit-elle, un homme que j'ai tué !

Les religieux reculèrent d'horreur. Mais Anne, électrisée par le désespoir, saisit la main de dom Geoffroy et l'entraîna vers sa maison.

Niel Roz fut sauvé par les soins des bons pères. On le porta au couvent, où il resta tout le temps de sa longue convalescence.

Au bout d'un mois il était chrétien.

Anne aussi se fit chrétienne. Son âme pure, son intelligence forte et supérieure, n'eurent besoin que d'entrevoir la vérité pour détester à tout jamais le mensonge. Elle fut baptisée. C'est à dater de ce moment aussi que les hommes de la côte purent remarquer un changement subit dans la vie de la jeune vierge. C'est à dater de ce moment qu'elle devint comme la patronne des naufragés.

Elle était forte, malgré la gracieuse souplesse de sa taille ; elle était plus adroite encore que robuste. Habituée dès l'enfance à faire seule et dans une légère embarcation la traversée d'Ouessant à Sen, elle regardait la mer comme son élément, et, de Crozon au Conquet, on n'aurait point trouvé de pilote plus expert ni de marin plus intrépide.

Comme prêtresse de Sen, Anne avait été vouée à un célibat perpétuel. Une fois chrétienne, elle ne se crut point dégagée de ce vœu. Par un scrupule de conscience que dom Geoffroy était tenté de regarder comme un vieux levain de paganisme, elle voulut tenir le serment fait au démon.

Mais dans ses longues heures de solitude, soit qu'elle lût, enfermée dans sa demeure, les livres étranges rassemblés par Joël, soit qu'elle luttât, montée sur son frêle esquif, contre les terribles tempêtes de la baie des Trépassés, l'image de Niel Roz de Kermor venait parfois la troubler. Elle le voyait mourant; elle eût voulu se souvenir d'une malédiction tombée de sa bouche ou seulement d'un reproche ; mais l'œil de Niel, dans ces visions comme au moment fatal, n'exprimait qu'une pensée d'amour et de pardon.

Anne était fière. Sa foi nouvelle n'avait pu dompter tout à fait en elle ce vice des natures généreuses. Elle serait morte plutôt que de manquer à son serment ; et ce qu'elle craignait le plus au monde, c'était la vue de Niel Roz.

Et pourtant, Anne avait promis de conduire, ce soir, Niel en terre ferme. Au bruit du bâton ferré heurtant le roc, elle rassembla son courage et monta sur le tertre, suivie de dom Geoffroy.

Elle se trouva face à face avec Niel, qui baissa la tête à son aspect et croisa ses bras sur sa poitrine.

Le jeune homme était bien changé depuis le temps. Une teinte maladive remplaçait les chaudes couleurs dont brillaient autrefois ses joues. Il semblait hors d'haleine, rien que pour avoir monté, et respirait péniblement. Anne se sentit oppressée.

Mais la tourmente avait grandi pendant son entrevue avec dom Geoffroy. La mer brisait maintenant contre la falaise avec une violence inouïe ; le vent apportait jusque sur le tertre une pluie amère et salée. Anne demanda la bénédiction du moine et saisit la main de Niel en disant :

— Allons !

— Que la Providence vous conduise ! murmura dom Geoffroy, qui s'était agenouillé sur le tertre.

Quand il se releva, un éclair lui montra la barque à plus de cent toises du rivage; elle semblait de loin une coquille de nautile, au milieu des gigantesques vagues qui la pressaient de toutes parts.

Le moine reprit à pas lents le chemin de son couvent.

Il fallait être né sur les rivages de la baie des Trépassés pour oser affronter, de nuit, une mer semblable. La frêle barque de la fille de Joël s'emplissait d'eau à chaque rafale; sa faiblesse même et sa légèreté l'empêchaient seules d'être submergée.

Elle allait vers le bec du Raz, pointe redoutée et féconde en naufrages; elle allait, guidée par ces fanaux perfides dont nous avons parlé et qui devaient hâter le trépas des marins engagés dans la baie.

Niel avait voulu prendre le gouvernail; mais Anne, le repoussant, lui montra du doigt l'avant de la barque. Niel s'assit aussitôt, et la traversée se poursuivit silencieuse.

A moitié chemin, un bruit sourd, qui n'était pas celui du tonnerre, passa sur leur tête et leur revint, répercuté par les échos de la côte. Anne et Niel se signèrent. C'était le premier coup du canon de malheur.

— Le temps presse, dit Anne.

Niel la comprit. Il s'élança et hissa la voile à mi-mât.

Il eût fallu voir alors l'esquif voler en rasant l'écume. La pointe du Raz fut doublée en un clin d'œil, et un calme relatif se fit sentir aussitôt. Anne tourna l'avant vers la terre.

— Anne, dit le jeune homme, qui voyait approcher avec angoisse l'instant de la séparation, faut-il donc vous laisser seule par cette affreuse nuit?

— A chacun de nous sa tâche, répondit Anne d'une voix émue. Ici, nous devons nous séparer pour toujours.

— Pour toujours! répéta Niel en faisant un pas vers elle.

— Au rivage, chrétien! s'écria-t-elle avec force; au rivage, où ton devoir t'attend!

Niel plongea une rame et trouva le fond.

— Adieu donc! murmura-t-il.

Anne s'était levée à son tour; une larme tremblait aux longs cils de sa paupière. Au moment où Niel allait se précipiter, elle tendit sa main que le jeune homme toucha de ses lèvres avec respect.

Un cri, montant de la nuit, annonça bientôt qu'il avait atteint le rivage.

Anne pouvait entendre les chants de fête et les féroces transports de joie des gens de la côte. Pendant qu'elle rangeait pour la seconde fois la pointe du Raz, leurs éclats de rire arrivèrent jusqu'à elle. En même temps, son œil fut frappé par les sinistres phares qu'allumait la cupidité des Bretons. Il y en avait trois à peu de distance l'un de l'autre.

Anne se laissa dériver, côtoya un instant le rivage et arriva en face des fanaux. Alors elle prit son arc et tira trois flèches de son carquois. La corde raidie vibra. Trois rauques mugissements se firent entendre sur la falaise voisine.

Anne avait décoché ses trois flèches. Aucune lumière mouvante ne brillait plus au rivage.

Cependant le canon de détresse précipitait ses signaux. Les coups venaient de deux points différents. Un des navires devait être au large, dans la direction d'Ouessant, l'autre s'approchait de plus en plus de l'île de Sen. Anne hésita un instant. Auquel porter secours ?

Au plus près de périr. — Elle donna un coup de barre et tourna sa proue vers l'île de Sen.

En moins de temps qu'il n'en faudrait, par une brise molle, pour faire le quart du chemin de la pointe du Raz à la chaussé de Sen, Anne avait dépassé l'île et se trouvait dans les eaux d'un beau brick de guerre, qui, dix minutes plus tard, allait laisser sa coque sur les brisants.

— Ho ! du brick ! cria la jeune fille.

Sa voix perça les fracas divers de la tempête mieux que ne l'eût fait la voix plus grave d'un homme. Il se fit un grand mouvement à bord du brick, qui laissa arriver sur-le-champ.

On était alors en guerre. Des deux vaisseaux que dom Geoffroy avait vus dans la baie, l'un était un français marchand, l'autre un ennemi, un anglais, sans doute ; — car l'Anglais est toujours un ennemi pour les Bretons.

Le navire marchand avait pris chasse et s'était jeté dans la baie ; puis, quand l'obscurité était venue, pour donner le change au brick, il avait couru des bordées. Le brick suivait, lui, sa route première. Son équipage, qui le savait fin voilier, eût nargué la tempête en pleine mer; mais le voisinage de ces côtes hérissées de récifs diminuait sa confiance. Sans connaître toute l'étendue du péril, le commandant avait fait tirer le canon pour demander un pilote. A la voix d'Anne, on crut à bord que ce pilote était arrivé.

Anne accosta le brick. Avant qu'on lui eût jeté une corde, elle avait grimpé le long des haubans et sauté sur le pont.

— Une femme! s'écria le commandant avec surprise et dédain.

— Une femme! répétèrent les matelots en poussant en chœur un grossier éclat de rire.

Anne ne prit pas garde. Elle se fit jour au travers des marins, arracha la barre des mains du timonier, et imprima au gouvernail un brusque mouvement.

— A la mer! dit l'équipage ; c'est folie ou trahison !

Le timonier, offensé par l'usurpation d'Anne, qui avait pris d'autorité sa place, s'avançait pour exécuter la sentence, lorsque le navire, obéissant au gouvernail, vint au vent, comme disent les gens de mer, et vira lof pour lof.

Il se lança dans sa nouvelle direction, craquant sous le poids de sa voilure, et coupant de l'avant la longue traînée d'écume qu'avait soulevée son sillage.

L'équipage, immobile, retenant son souffle, attendait le résultat, désormais impossible à prévoir, de cette manœuvre téméraire. A ce moment, un éclair se fit. On vit Anne debout à la barre. Son bras tendu montrait, à bâbord, une longue ligne éblouissante de blancheur qui, se courbant à vingt brasses du gouvernail, semblait envelopper le brick à demi. Mais le brick sentait le vent; chaque seconde l'éloignait de cette ligne brillante; elle s'effaça dans l'ombre.

Matelots et officiers, tous frémirent en silence, comme on fait à la vue d'un affreux danger évité. C'étaient les brisants de la côte de Sen qui, tourmentant la mer, formaient cette courbe d'écume, vers laquelle le brick, un instant auparavant, se précipitait impétueusement.

Pendant toute cette nuit, Anne resta au gouvernail. Le commandant et ses marins l'entouraient. Elle essaya de comprendre leur langage et ne put y parvenir.

Alors elle tourna son regard vers le lieu où, depuis, fut bâtie la ville d'Audierne, comme si ce regard pouvait percer les ténèbres d'une nuit d'orage. — Tout se taisait au loin. Le son du canon d'alarme ne venait plus interrompre la voix de la tempête.

Anne secoua tristement la tête.

— Que Dieu vienne en aide à Niel Roz de Kermor ! pensa-t-elle. Il n'y a plus à cette heure qu'un seul vaisseau dans la baie.

Elle ne se repentait point d'avoir sauvé l'ennemi ; mais elle pleurait sur l'autre navire qui portait ses frères.

Les gens de la côte étaient rassemblés au bec du Raz. Ils grelottaient de froid sous leurs haillons misérables, et accusaient la tempête de faire mal son devoir. Le canon se taisait, et pourtant nul débris ne venait échouer à la plage.

Les vieillards racontaient, avec de longs soupirs de regret, l'histoire des beaux naufrages qu'avait vus leur jeunesse. Et l'eau venait à la bouche des auditeurs, qui mettaient l'oreille au vent pour saisir tous les bruits du large.

Rien ; — rien que le fracas du flot attaquant le roc ; rien que le mugissement du vent dans les fissures de la falaise.

Le désespoir venait aux gens de la côte ; ils avaient faim, et, se roulant sur le sable, ils invoquaient leurs dieux oubliés :

« O vous que nos pères adoraient, disaient-ils, exaucez-nous, car nous avons repoussé le Dieu nouveau qui mourut sur la croix, par amour.

« Nous l'avons repoussé, nous avons persécuté ses prêtres et dispersé sur le sol les pierres de ses autels.

« Nous l'avons repoussé, parce que sa loi est la miséricorde, et qu'il nous faut pour vivre, oublier la pitié.

« Dieux, soyez propices. Il est à Sen une prêtresse du sang de vos pontifes ; nous ferons d'elle notre souveraine.

« Nous prendrons dans la grotte de l'Ile le couteau du saint Joël et la serpe d'or de sa fille. Vienne l'an neuf, nous tuerons encore les hommes, et nous couperons le gui des chênes. »

Les démons écoutaient. Comme si le charme eût opéré, la tempête redoubla tout à coup de violence. Un cri plaintif se fit entendre du côté du large. En même temps les gens de la côte virent passer dans l'ombre une masse noire qui courait avec une effrayante vélocité.

Une clameur d'allégresse sortit à la fois de toutes les poitrines.

— Il va toucher ! il va toucher ! disaient-ils.

C'était le vaisseau marchand qui voguait au hasard, presque désemparé. Il rangea de si près le bec du Raz, que ses hauts-mats durent frôler le formidable rocher qui surplombe en cet endroit et se cintre en voûte au-dessus de la mer. Mais il ne toucha pas.

Les gens de la côte, plongés dans une muette stupeur, n'en pouvaient croire leurs yeux. Un pilote n'aurait pu suivre ce chemin sans se briser dix fois. Et pourtant le navire était sauvé.

Il y avait là un homme robuste, intrépide et méchant, nommé Jean Cosquer. Il sauta dans une barque de pêche et s'éloigna du rivage sans mot dire.

Le marchand courait des bordées. Au bout de dix minutes il revint, ne se doutant même pas du péril qu'il venait d'éviter. Cette fois il passa de l'autre côté de la pointe. Il passa sans toucher encore.

Jean Cosquer le héla et se fit hisser à bord comme pilote.

— Où sommes-nous ? demanda le capitaine.

— A deux doigts de la mort, répondit Cosquer.

— Peux-tu nous sauver ?

— A une condition.

— Laquelle ?

— Voici, dit Cosquer en montrant le vide, voici la pointe du Raz, le tombeau de plus de matelots qu'il n'y en a sur toute la flotte du roi !

Les marins regardèrent. La frayeur leur montra quelque effrayant fantôme de rocher ; ils frémirent.

— Ici, reprit Cosquer en montrant cette fois le bec du Raz lui-même, ici une route reste ouverte ; je la connais, je puis vous y guider.

— Fais, au nom de Dieu, dit le capitaine.

— Quoi que vous puissiez voir, vous ne m'arrêterez pas ?

— Sois capitaine pendant une demi-heure, mon homme, dit le patron.

Et il lui donna son porte-voix.

Cosquer saisit cet emblème de la souveraine puissance à bord, et tourna l'avant vers le Raz. Les matelots entendirent bientôt le bruit du ressac, ils virent l'écume phosphorescente, ils virent même la tête noire et gigantesque du rocher.

— N'ayez pas peur, disait Cosquer.

Au même instant le navire donna un coup de talon qui fit crier sa mature.

— N'ayez pas peur, dit encore Cosquer.

Puis, poussant un sauvage éclat de rire, il sauta par-dessus le bord.

L'expédition de Jean Cosquer avait duré quelque temps. Les gens de la côte, ne voyant rien et n'entendant rien, désespérèrent. C'était une nuit perdue.

Ils reprenaient le chemin du village, lorsqu'un hurlement joyeux du faux pilote les arrêta. Cosquer parut au milieu d'eux, ruisselant encore d'eau de mer. Les cris d'angoisse de l'équipage tinrent lieu d'explication, et tous, hommes, enfants, femmes, vieillards, se précipitèrent au rivage.

Le navire marchand s'était brisé à l'extrême pointe du Raz. Cosquer avait bien choisi son endroit : le navire était engagé de telle sorte que pas un débris ne s'en pouvait perdre. L'équipage n'avait qu'un pas à faire pour gagner la côte; si quelques-uns se noyèrent au moment du naufrage, c'est que, dans leur ignorance complète des lieux, ils nagèrent vers le large, croyant s'approcher de la terre.

En un instant, une clarté brillante remplaça sur la grève l'obscurité de cette affreuse nuit. Cent torches de résine furent allumées à la fois : à quoi bon se cacher encore ? Le chasseur quitte son affût quand sa proie est tombée dans le piège.

C'était un hideux spectacle que cette foule, où tous les âges et tous les sexes étaient représentés, se livrant à une œuvre de pillage. On s'arrachait les moindres épaves apportées par les flots. Ceux qui étaient fort, sautant de roc en roc, allaient piller la carcasse même du navire, qui se soutenait entière, clouée à la dent d'un récif.

D'autres, s'occupant des naufragés, les dépouillaient et les garrottaient.

Les malheureux, au nombre de dix, étaient couchés, nus, sur le sable glacial, et ne devinaient que trop le sort qui leur était réservé.

Où était en ce moment Niel Roz de Kermor !

S'il se fût montré à la lueur des torches, pâle encore des suites de sa blessure, l'œil brillant de colère et d'indignation, ces sauvages, aussi superstitieux que cruels, auraient lâché prise en hurlant, comme font les démons que chasse l'eau sainte ou le signe de la croix. Les gens de la côte auraient pris Niel pour un spectre vengeur ; les malheureux marins eussent été sauvés. Dom Geoffroy, dans sa charitable sollicitude, avait calculé juste.

Mais où était Niel Roz de Kermor ?

Quelques voix, il faut le dire, s'élevèrent bien çà et là dans la foule en faveur des naufragés ; des femmes demandèrent leur vie. Mais la mer avait fait son devoir : il n'était ni juste ni prudent de frustrer la mer de sa proie.

— Partage égal! dit Jean Cosquer ; à nous l'or et l'eau-de-vie ! A la mer les cadavres !

On donna les cadavres à la mer, et l'orgie commença.

C'était un hideux spectacle que cette foule. (Page 116.)

Niel Roz avait bon cœur, et il était chrétien. Il descendit à terre, résolu à remplir la tâche que lui avait imposée dom Geoffroy et à donner au besoin sa vie pour sauver celle des naufragés. Telle était l'intention de Niel Roz en touchant la terre, non loin de l'endroit où fut bâtie la ville d'Audierne.

Mais il aimait, et la passion conseille mal.

Durant de longues heures il resta fidèle à son poste, guettant les mouvements des gens de la côte et prêt à paraître au moment fatal. La nuit avançait ; nul vaisseau ne se montrait : point de naufragés à secourir.

Les signaux de détresse avaient cessé ; sans doute les navires avaient sombré en pleine eau ou sur les côtes de Sen. La présence de Niel était donc inutile.

— Anne pensait-il, Anne elle-même est en péril de mort, peut-être. Elle m'appelle, et je suis loin d'elle. Son bras ne peut résister aux efforts de la tempête, et moi je suis ici, sain et sauf, attendant une occasion qui ne peut se présenter désormais.

Ces pensées tyrannisaient son esprit affaibli peut-être par une longue et terrible maladie. Il résista tant qu'il put ; mais enfin une fièvre s'empara de lui. L'obscurité s'illumina tout à coup pour son délire : il crut voir de loin la barque d'Anne penchée sur l'abîme et déjà pleine d'eau. Il crut entendre la voix de la jeune fille qui prononçait son nom et demandait secours.

Niel Roz descendit vers la grève; il luttait encore. En ce moment, le navire français, rasant la côte comme une hirondelle rase la terre un jour de pluie, doubla le cap et disparut. Niel le crut sauvé. Il détacha une des barques du rivage et se mit à la recherche d'Anne.

A cause de cela, dix pauvres marins moururent sans confession, et Niel ne connut plus de bonheur en ce monde.

Le matin trouva dom Geoffroy, le bon moine de Sen, en prière au pied de la croix. Le vent avait cessé. Un rayon de soleil levant, perçant les étroits vitraux de la chapelle, vint jeter une pâle teinte d'or sur les cheveux blancs du vieillard. Il se leva, sortit du couvent et gagna la falaise.

Au large, il y avait un vaisseau qui voguait fièrement, vainqueur de la tempête. Le moine fit de l'œil le tour de l'horizon. Il n'y avait qu'un vaisseau.

Un brouillard épais couvrait la côte, le bec du Raz et le lieu où fut depuis bâtie la ville d'Audierne. Dom Geoffroy avait beau regarder, son œil ne pouvait percer ce vaste linceul de vapeurs qui couvrait une scène de meurtre et de pillage. Un triste pressentiment lui vint qu'il repoussa aussitôt.

— Tout va bien, se dit-il ; mon fils Niel aura fait son devoir. Que Dieu le récompense !

Les matelots du brick anglais qui avait été sauvé, harassés de fatigue, dormaient çà et là sur le pont. Le commandant veillait; il était debout près d'Anne. La houle, que ne poussait plus le vent, se calmait peu à peu. Il faisait nuit encore.

— Jeune fille, dit le marin, tu as sauvé un vaisseau du roi ; fixe ta récompense.

— J'ai perdu ma barque à vous servir, répondit Anne ; donnez-moi en échange le plus petit de vos canots, et laissez-moi gagner la côte. D'autres, là-bas, ont peut-être besoin de moi.

— Ta voix est douce, jeune fille. Non, sur ma foi, tu ne gagneras pas la côte... Dis, combien veux-tu d'or ?

— De l'or, répéta dédaigneusement Anne. Je suis la fille de Joël Bras des Iles.

— Et qui est ce Joël Bras des Iles, ma fille ?

Les gens qui ont étudié dans les livres pourraient dire ce que répondit Anne, car ils savent les noms de tous les faux dieux. Ceux qui racontent aux veillées les récits des anciens temps, comme leurs pères les contaient avant eux, ont oublié ces noms maudits.

Anne répondit que son père était prêtre des vieilles divinités de ces contrées. Le marin recula.

— Et toi, dit-il, tu es sorcière ?

— Je suis chrétienne.

— Tant mieux, enfant, car ta voix est douce, et c'eût été pitié de brûler vif un si gentil pilote... Or çà, tu ne regagneras pas la côte, je te garde esclave.

Anne prit un ton de grave fierté.

— Je suis venue vers des étrangers, dit-elle, pour accomplir un des commandements de Dieu. J'ai plus d'or, sachez-le, qu'il n'en faudrait pour acheter votre vaisseau. Je resterai avec vous jusqu'au jour, afin que vous ne puissiez m'accuser d'avoir déserté une tâche commencée. Au jour je vous quitterai.

Anne, en embrassant la foi chrétienne, avait conservé les vêtements de sa caste : elle portait une robe de lin flottante ; son arc et son carquois pendaient sur son épaule, et les tresses de ses longs cheveux blonds étaient retenues par un diadème d'or. L'étranger ne l'avait pas encore bien vue ; mais l'aurore qui se levait alors lui laissa voir le noble et beau visage de la jeune fille, que ce costume antique parait d'une mystérieuse majesté.

Le commandant la trouva si belle qu'il s'endurcit dans le dessein de la retenir à son bord.

— Damoiselle, dit-il en prenant un air soumis et respectueux, je suis gentilhomme, et je puis vous faire maîtresse d'un noble manoir. Quittez ce sauvage pays des tempêtes et venez avec moi qui veux être votre chevalier et votre époux.

— Ce sauvage pays est ma patrie, dit Anne, et nul homme ne sera mon époux.

— Je suis puissant à la cour du roi, reprit l'étranger, vous verrez des carrousels, des joutes et des tournois ; votre beauté vous fera la reine des vaillants jeux de la chevalerie.

Anne soupira. Peut-être pensait-elle qu'il y avait ici-bas un homme qui n'était ni noble, ni chevalier, mais qui seul était capable de lui faire regretter les vœux qui la liaient au ciel. L'étranger entendit ce soupir. Il la crut vaincue.

— Soyez, dit-il, en mettant un genoux en terre, soyez désormais la dame de mes pensées, belle damoiselle.

Anne ne répondit pas, perdue qu'elle était dans sa rêverie. Le marin, encouragé par ce silence, tendit ses bras en avant. Sa main effleura le vêtement de la jeune fille. Anne se dressa de toute sa hauteur.

— Arrière ! dit-elle en portant la main à son arc ; sur ta vie, Anglais, ne me touche pas !

Le commandant, riant de la menace, voulut la saisir ; mais Anne, reculant à l'idée d'un meurtre, laissa tomber sa flèche, et, sautant sur le plat-bord, grimpa le long des haubans d'artimon et fut bientôt hors de portée. Elle banda son arc.

— Vois, dit-elle en montrant à l'autre bout du navire une mince manœuvre qui pendait brisée par l'orage de la nuit. Vois ce cordage.

La flèche partit en sifflant, et la manœuvre coupée tomba sur le pont.

— Ta vie est à moi, tu le sais maintenant, reprit Anne ; mais je ne veux point mettre à mort celui que la Providence m'a permis de sauver. Je te fais grâce.

— Tu ne m'échapperas pas ! s'écria le commandant transporté de colère.

Il donna un coup de sifflet. Les hommes de l'équipage, réveillé en sursaut, se rangèrent autour de leur chef.

— Qu'on saisisse cette femme ! dit-il.

Les matelots s'élancèrent dans les haubans.

Anne se vit perdue. Elle promena son regard à l'horizon. Loin, bien loin, du côté de la chaussée de Sen, elle aperçut une petite voile blanche qui reluisait aux premiers rayons du soleil. Son cœur battit avec force, elle prononça au dedans d'elle-même le nom de Niel Roz de Kermor.

Cependant les matelots, excités par la voix de leur chef, montaient rapidement. Anne fuyait de manœuvre en manœuvre, sautant avec la légèreté d'un oiseau et gardant toujours son avantage. Les matelots, admirant son intrépide courage et se souvenant qu'ils lui devaient la vie, se sentaient pris de pitié ; mais la voix du commandant les poussait sans relâche

Anne s'arrêtait de temps en temps et tournait son regard vers la voile qui grandissait à l'horizon. L'espérance entrait dans son cœur. La barque approchait. On pouvait maintenant distinguer l'homme qui tenait le gouvernail. C'était bien Niel Roz de Kermor.

Anne, toujours poursuivie, avait atteint les plus hautes manœuvres. Elle se suspendit à un mince cordage à l'une des extrémités de la barre du perroquet d'artimon et cessa de fuir. Aucun matelot n'osa la suivre à ce poste périlleux.

— Qu'on la saisisse ! criait du pont le commandant exaspéré.

— Homme méchant et ingrat, dit Anne, Dieu te punira, toi qui rends le mal pour le bien !

La barque de Niel croisait maintenant à portée de la voix, au vent.

— A moi, Niel ! cria la jeune fille.

Et imprimant à son cordage un mouvement d'oscillation, elle se balança une seconde, lâcha la corde à propos et tomba à la mer.

Niel Roz avait entendu le cri et reconnu la voix d'Anne des Iles. Ne se fiant plus à sa voile, il saisit ses avirons, et sa barque vola vers le navire. Le commandant avait fait mettre ses embarcations à flot.

Mais Anne était une fille de la mer. Après avoir plongé profondément, elle revint à la surface, secoua son épaisse chevelure et se mit à nager. La distance entre elle et son sauveur était grande encore ; cependant les chaloupes gagnaient sur elle peu de terrain, et si Anne n'eût été exténuée par la fatigue de sa course aérienne au milieu des cordages, cette dernière poursuite eût été pour elle un jeu.

Niel faisait force de rames. Il atteignit enfin la jeune fille et la saisit par ses vêtements.

— Aux roches ! dit-elle en tombant épuisée au fond de la barque.

Les chaloupes arrivaient. Elles essayèrent encore de poursuivre quelque temps la barque de Niel ; mais celui-ci riait de leurs efforts. Il s'engagea bientôt au milieu des brisants, qui ne manquent nulle part dans la baie. Les chaloupes n'osèrent le suivre et revinrent vers le navire.

— Dussé-je mourir, j'atteindrai cette femme ! dit le commandant anglais qui rugissait de fureur.

Au lieu de gagner la haute mer, il courut des bordées tout le jour dans cette partie de l'Yroise, résolu de tenter une descente à la faveur de la nuit.

Le vieux dom Geoffroy était encore à son poste d'observation lorsqu'il vit la barque de Niel tourner la pointe de la chaussée de Sen. Il reconnut la robe blanche d'Anne des Iles et descendit sur la grève.

— Soyez bénis, mes enfants, leur dit-il.

Anne retourna dans sa demeure, et Niel suivit dom Geoffroy au couvent.

Tant que dura cette journée, Anne resta en prière au pied de son crucifix. Elle demandait à Dieu de la guider et de la soutenir, car son courage faiblissait : elle aimait Niel Roz de Kermor.

— Le ciel a-t-il entendu, se disait-elle, le serment que je fis autrefois au démon ?

Anne allait se répondre que non, lorsque le signal ordinaire du bon religieux retentit à ses oreilles. Elle se hâta de monter sur le tertre.

Dom Geoffroy était là tout pâle et tout tremblant. Derrière lui marchait Niel Roz, la tête basse et avec l'apparence d'un coupable.

— Ma fille, dit dom Geoffroy, il nous faut gagner la côte à l'instant.

Pourquoi ? demanda-t-elle.

Dom Geoffroy jeta un regard sur Niel, dont le front ruisselait de sueur. Anne suivit ce regard et pâlit.

— Pourquoi ? demanda-t-elle encore.

Niel se couvrit le visage de ses mains, et dom Geoffroy tendit les bras vers la côte. Anne leva les yeux.

— Niel a délaissé son poste, dit-elle d'une voix étouffée ; le sang des naufragés est sur sa main.

« Le sang des naufragés est sur sa main. »

Le jeune homme ne put répondre que par un sourd gémissement.

Il ne dit même pas à la jeune fille :

— Anne c'était pour vous...

Quand la nuit fut venue, on vit de grands feux briller à la pointe du Raz, et une multitude d'ombres, se détachant en noir sur ce fond éblouissant, apparurent exécutant une ronde bizarre et désordonnée ; il y avait encore de l'eau-de-vie, et l'orgie continuait.

Ce spectacle ne pouvait laisser aucun doute. Il fallait un naufrage pour approvisionner ainsi les gens de la côte.

Anne, le prêtre et Niel montèrent silencieusement dans la barque ; peut-être quelques malheureux avaient survécu, peut-être était-il temps encore de les sauver.

Cependant le commandant du brick anglais s'était obstiné dans sa mauvaise pensée. Il voulait à tout prix retrouver Anne, et, la nuit tombée, il s'approcha de la côte.

Voyant un grand feu allumé sur le Raz, il fit mettre une embarcation à la mer et se dirigea presque seul vers cet endroit. Il comptait imposer à ces bonnes gens par sa seule présence, et, dans ce but, il avait revêtu son bel uniforme brodé d'or et d'argent. Ce fut un grand malheur pour lui.

Le vent avait changé ; il venait maintenant de terre. Par un singulier concours, la chaloupe du commandant et la barque montée par Anne des Iles voguaient presque de conserve sans s'apercevoir l'une de l'autre. L'Anglais aborda le premier, pendant que Niel cherchait un endroit pour prendre terre au milieu des rochers, ses deux compagnons et lui furent témoins d'un terrible spectacle.

Ils virent l'Anglais prendre terre. A la lueur des torches, ses broderies resplendissaient ; il semblait une statue d'or douée de vie et de mouvement.

Les gens de la côte, moitié ivres, éblouis par ce riche costume, entourèrent tout d'abord le nouveau venu avec des cris de joie. C'était encore une épave que leur envoyait la mer.

Quand le commandant se vit attaqué, il déchargea ses pistolets, puis, tirant son grand sabre, il se défendit en gentilhomme. Mais Jean Cosquer prit une longue barre de fer, débris du navire marchand naufragé, et en enfonça l'extrémité dans le brasier. La barre rougit, Jean Cosquer la brandit au-dessus de sa tête et s'élança vers le marin. On entendit un frémissement, comme si le fer rouge eût touché de l'eau ; puis le noble costume tout brodé d'or et d'argent s'affaissa. L'Anglais n'était plus qu'un tas de chair morte.

Le navire était si près de la côte que les marins suivaient, eux aussi, tous les détails de cette horrible scène.

Tant que leur chef fut debout, ils n'osèrent tirer ; mais quand ils le virent tomber, ils poussèrent un cri de vengeance et tous les canons du navire tonnèrent à la fois, pendant que toutes ses embarcations prenaient la mer.

Niel n'eut que le temps de repousser sa barque au large.

En un instant, la côte fut envahie. Cette foule abrutie par l'ivresse n'essaya pas même de se défendre ; il n'y eut que Jean Cosquer qui, avant d'être tué, fit sentir à quelques marins le poids de son homicide barre de fer. Le commandant fut trop vengé.

En vain le bon moine Geoffroy se fit déposer à terre ; en vain la fille de Joël se jeta aux genoux des marins anglais. Ils repoussèrent le religieux, ils repoussèrent la jeune fille qui était leur libératrice. Ils tuèrent, ils tuèrent jusqu'au jour.

Quand ils s'arrêtèrent, c'est qu'il n'y avait plus personne à tuer.

Ainsi moururent tous les gens de la côte, et le lieu où fut bâtie depuis la ville d'Audierne demeura désert.

Niel fit pénitence. On pense que les religieux le reçurent dans leur couvent, où il mourut réconcilié avec Dieu.

Quant à la fille de Joël, voici ce qui advint d'elle.

Huit jours après le fatal évènement, elle fit venir le bon moine dom Geoffroy dans sa demeure.

— Dom Geoffroy, dit-elle, il est dans notre famille depuis des siècles un trésor, le trésor des prêtres de Sen. J'ai juré, suivant la coutume, de ne révéler son existence qu'à un seul homme, et je vous ai choisi, mon père.

A ces mots, elle décrocha la harpe de Joël, qui rendit un plaintif accord, comme pour déplorer l'anéantissement du dernier privilège des prêtres des faux dieux. Derrière la harpe de Joël, Anne poussa une pierre qui céda aussitôt.

Le vieillard recula ébahi. Anne avait dit vrai au commandant anglais : elle possédait plus d'or qu'il n'en fallait pour acheter son vaisseau et dix autres vaisseaux avec.

— Quand vous ne me verrez plus, reprit Anne d'une voix émue, vous irez par la Bretagne, mon père, exhortant les chrétiens pauvres et de bonne volonté à vous suivre sur nos côtes et vous bâtirez un temple au Seigneur.

— Vous resterez longtemps encore avec nous, s'il plaît à Dieu, ma fille, dit le moine

— S'il plaît à Dieu, mon père... Et maintenant, il faut que je monte dans ma barque. Exécuterez-vous ma volonté ?

— Je l'exécuterai, ma fille.

— Adieu, donc, reprit Anne des Iles. Dites à Niel Roz de Kermor que je prierai souvent pour que Dieu lui pardonne, et que peut-être, s'il avait agi en bon chrétien, la nuit de la tempête... Mais non, ne lui dites pas cela, mon père.

Une larme brillait dans les yeux d'Anne, qui reçut la bénédiction du moine et descendit lentement la falaise, sans se retourner.

Depuis lors, on ne la revit plus à Sen.

Dom Geoffroy l'attendit durant une année, puis il prit son baton blanc et commença son tour de Bretagne. Dans chaque village, il disait aux chrétiens pauvres et de bonne volonté de le suivre. Au bout d'une autre année, il revint à la côte, au lieu où fut bâtie depuis Audierne.

L'or d'Anne des Iles servit à élever un temple au Seigneur. Quand le temple fut achevé, il y avait encore de l'or.

Ce que voyant, ceux qui avaient suivi le bon moine dom Geoffroy commencèrent à se bâtir des maisons, et bientôt, au lieu du misérable village des gens de la côte, on vit s'élever une belle ville.

Ses habitants furent toujours humains et charitables envers les naufragés de l'Yroise. Ils se rappelèrent longtemps leur origine, et le nom d'Anne des Iles fut béni durant bien des siècles.

Maintenant tout est oublié.

C'est à peine si quelques vieillards pourraient dire comment fut bâtie la ville d'Audierne, au département du Finistère, en Bretagne.

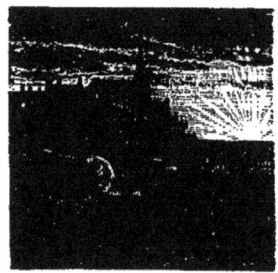

L'église d'Audierne.

LA FEMME BLANCHE DES MARAIS

Les marais.

LA FEMME BLANCHE

DES MARAIS

—◆—

C'est, dit-on, une noble châtelaine, madame Ermengarde de Malestroit, qui revient visiter de nuit ses anciens domaines, et glisse, sans radeau ni barque, sur les eaux tranquilles des marais de l'Oust.

Elle est grande, belle, majestueuse. Son corps est souple et ondule avec grâce au souffle de la brise. Sa longue chevelure se déploie et l'entoure comme un vaste manteau.

Les soirs d'automne, quand l'air est calme et chaud, on la voit parfois grandir et toucher du front les étoiles. Si le vent des nuits se lève, elle se prend à osciller lentement, comme faisait, en sa vie mortelle, madame

Ermengarde, lorsqu'elle dansait le menuet du bon duc François de Bretagne. Puis les plis de sa robe deviennent diaphanes : la lune perce les longs flots de ses cheveux.

Puis encore, si le vent redouble, elle se suspend tremblante à son aile, et monte avec lui vers le firmament.

Le lieu où elle se tient d'ordinaire est situé au milieu des marais. Tout près de là l'Oust et une autre rivière croisent leurs courants, ce qui détermine un tournant fort dangereux en tout temps, et qui devient, lors de la crue des eaux, un véritable gouffre. Le jour, on le voit de loin bouillonner et lancer vers le ciel une vapeur blanchâtre ou teinte des couleurs de l'arc-en-ciel.

La nuit, on ne voit que la « Femme Blanche. »

Aussi, certains prétendent-ils que la Femme Blanche n'est que la vapeur du gouffre de Trémeulé. Mais ils se trompent grandement s'ils le pensent ; s'ils le disent, ils font acte téméraire.

Madame Ermengarde, en effet, s'est vengée plus d'une fois cruellement des incrédules, et ceux qui doutent font prudemment de ne pas donner leurs chalands au courant de l'Oust, une fois que l'étoile du Nord s'est levée sur les arbres noirs de la Forêt Neuve.

La Forêt-Neuve.

La Femme Blanche des marais.

Bataille entre catholiques et huguenots.

CHAPITRE PREMIER

LE CHATEAU DE MALESTROIT

M. de Rohan s'était fait, en ce moment-là, huguenot, ce qui était grande pitié pour un seigneur de si belle race.

On était à la deuxième moitié du seizième siècle. M. de Mercœur menait la ligue en Bretagne. Catholiques et gens de la religion se battaient fort rudement sur tous les points où ils se rencontraient.

Il arriva que les gens de M. de Rohan, qui était alors à Paris, se laissèrent culbuter par MM. de Guer et de Malestroit, bons gentilshommes et fervents catholiques, qui les chassèrent à la fois de Rohan et du château de Guéménée. Les vaincus traversèrent en fuyant une partie du pays de Vannes, et ne s'arrêtèrent qu'au château de la Roche-Bernard, dont le seigneur tenait pour la religion prétendue réformée.

Le chef des hommes d'armes de Rohan se nommait Guy de Plélan.

C'était un dur soldat, ne croyant ni à Dieu ni à diable, vivant de rapines, et toujours prêt à faire le mal. Il se ligua tout d'abord avec le maître de la Roche-Bernard, et leurs troupes réunies mirent à rançon tout le pays des alentours. Ces deux mécréants ne faisaient nulle distinction de gentilhomme à vilain ; ils pillaient les chaumières comme les châteaux, et ce ne fut bientôt, à dix lieues à la ronde, que misère et désolation.

M. de Malestroit, avant de quitter son château pour guerroyer contre les huguenots, avait laissé sa femme, Marguerite de Guer, au soin d'un fidèle serviteur, roturier de naissance, qui avait nom Toussaint Rocher. Toussaint n'avait jamais porté l'épée ni l'arquebuse de combat, mais il était brave, et dans une rencontre, il eût été un dangereux adversaire, car, chasseur de son métier, il maniait également bien l'arbalète et la lourde carabine à rouet.

C'était un homme des marais. Son enfance s'était passée sur les bords de l'Oust, dans un petit manoir, de la maison de Malestroit, que son père tenait à fief. Appelé par son seigneur au château où il remplissait l'office de veneur depuis plusieurs années, Toussaint n'avait point oublié le passe-temps de sa jeunesse. Il se souvenait de ses compagnons restés simples paysans, et venait souvent visiter sa vieille mère, veuve maintenant et habitant toujours le petit manoir de Gourlâ, dont les murailles lézardées se miraient dans les eaux claires du marais.

Cependant, MM. de Guer et de Malestroit, poursuivant le cours de leurs succès, s'éloignaient de plus en plus de leurs domaines. Ils traversèrent, toujours vainqueurs, une bonne partie de la basse Bretagne, et firent dessein d'aller assiéger la ville de Quimper. Une seule pensée venait troubler parfois la joie de leurs triomphes. Tous deux songeaient à la belle Marguerite, qui était la fille unique et chérie de M. de Guer, et qui venait de donner un héritier à la noble maison de Malestroit.

Ils songeaient à elle, à son enfant, mais cela ne les empêchait point de mettre chaque jour quelques longues lieues de plus entre eux et le château qui renfermait ce précieux trésor.

Que pouvaient-ils craindre, en effet ? Les gens de Rohan avaient été vaincus, et Toussaint Rocher, serviteur fidèle, avait avec lui dix hommes d'armes de Guer, qui se feraient tous tuer, jusqu'au dernier, pour défendre la fille de leur maître.

Voilà ce que pensaient nos deux bons seigneurs. Aussi allaient-ils le cœur léger et l'épée au vent, toujours prêts à combattre les huguenots, et maugréant contre dame Fortune toute fois que les hérétiques ne se présentaient pas deux contre un, pour le moins, à leur rencontre.

Au temps où Marguerite de Guer était damoiselle, nombre de gentilshommes s'étaient disputé sa main. Parmi ces concurrents se trouvait Guy de Plélan.

On ne peut trop dire s'il était épris de Marguerite; mais, à coup sûr, il aimait de passion sincère et fougueuse le beau château de Guer et l'héritage du vieux seigneur de ce nom.

Repoussé par la jeune fille, qui lui préféra Amaury, seigneur de Malestroit, Plélan conçut une haine mortelle contre les deux époux, et se fit huguenot tout exprès pour combattre son heureux rival.

Vaincu par Amaury sur le champ de bataille comme il l'avait été autrefois dans les nobles salons de Guer, il sentit redoubler sa rage, et jura de mourir ou de se venger. L'esprit du mal entend d'ordinaire ces serments impies et fait en sorte que l'une des deux alternatives se réalise tôt ou tard.

Retranché au château de la Roche-Bernard, qui était une forteresse réputée imprenable, Plélan dominait toute cette partie du pays de Vannes située entre Redon et Ploërmel.

Après avoir amorcé ses gens par le pillage de quelques bourgades, il se mit en route une nuit avec cinquante chevaux et tenta de surprendre Malestroit.

Vers minuit, la jeune comtesse fut réveillée par le retentissement des masses d'armes heurtant le chêne épais des portes et par les cris perçants des sentinelles qui gardaient les remparts.

En un instant tout fut tumulte et désordre dans le château. La garnison, découragée par sa faiblesse fit néanmoins face à l'ennemi qui débordait de toutes parts, et chaque homme d'armes, sans espoir de vaincre, mourut à son poste, comme il convenait à des soldats de Guer. Plélan, maître des murailles, se précipita dans la place à la tête de ses gens.

— Veillez aux portes! cria-t-il; que personne ne puisse quitter le château!

Le pillage commencera seulement quand on aura trouvé madame Marguerite... Dix onces pesant d'or à qui me l'amènera !

Les vainqueurs se dispersèrent aussitôt dans le château. Plélan, lui, fit allumer du feu dans la grande salle, et, s'étendant sur un fauteuil brodé aux armes de Malestroit, il demanda du vin.

La grande salle se trouvait ornée, comme c'était l'habitude en ce temps, d'une tapisserie de haute lisse, représentants les faits et gestes des anciens héros du nom. En outre, un long cordon de portraits de famille faisait le tour des murailles.

— Elle va venir ! pensa Guy de Plélan, qui but son premier verre de vin à petites gorgées.

En remettant le gobelet vide sur la table, il porta son regard sur les raides et fiers visages des vieux sires de Malestroit. Un sourire brutal et satisfait vint épanouir ses lèvres.

— Messeigneurs, s'écria-t-il, vous me souhaiteriez de bon cœur la bienvenue, si vous pouviez parler, n'est-ce pas ? Ah ! mes nobles hôtes, vous voilà prisonniers d'un bien pauvre gentilhomme, vous qui portez une couronne de comte au-dessus de votre écusson. A votre santé, messeigneurs !

Il vida d'un seul trait un énorme gobelet et ajouta, en perdant un peu de son insolent sourire :

— Mais elle tarde bien à venir !

L'impatience le gagnait. Pour tromper cette impatience, il saisit un flambeau et fit le tour de la salle, s'arrêtant un instant devant chaque portrait pour lui lancer quelque misérable et grossier sarcasme.

Au bout d'une vingtaine de pas, il s'arrêta. Un tremblement fugitif et involontaire agita son bras.

— Ermengarde ! murmura-t-il en épelant péniblement le nom inscrit en lettres d'or au-dessous de l'un des portraits. Celle-ci était, dit-on une sorcière !

La toile représentait une femme jeune encore et d'une admirable beauté. Ses yeux étaient baissés. Une tristesse profonde tempérait l'austère expression de son visage. C'était une de ces physionomies hautaines et mélancoliques que la croyance bretonne regarde comme un présage de courte vie.

— Sorcière ou non, s'écria Plélan, honteux de sa frayeur passagère, je viderai une coupe à sa santé.

Il revint vers la table et se versa pleine rasade.

Mais au moment où il portait le gobelet à ses lèvres, son œil tomba par hasard sur une partie de la tapisserie où était brodée une scène étrange :

Madame Ermengarde, — c'était bien elle, il n'y avait pas à s'y tromper, — se tenait debout à l'arrière d'une barque qui semblait emportée par le courant. Elle souriait et appelait de la main une autre barque pleine d'hommes armés. A l'avant de son esquif, et si près que l'écume blanchissait déjà la proue, un gouffre béant tournoyait.

Plélan se mit encore à trembler, et il trembla plus fort que la première fois, car il crut voir le regard de la belle comtesse répondre à son regard. Il lui sembla que c'était à lui que s'adressait son geste et qu'elle semblait vouloir l'entraîner dans ce gouffre, vaste et infranchissable tombeau.

— Oui, oui! dit-il, comme s'il eût cherché à se rassurer ; j'ai entendu parler de cela... La sorcière attira dans l'abîme un brave officier du roi, et sauva ainsi, en mourant, son rebelle de père. Que m'importe!... A ta santé, noble dame !

Et Plélan leva son verre.

Mais Plélan ne but pas de cette fois, et recula jusqu'auprès du foyer. Soit qu'il fût ivre déjà, soit tout autre motif, il avait cru voir la tête de la comtesse répondre à son toast par un grave mouvement.

Il s'assit, le dos tourné à la terrible tapisserie, et, saisissant le broc, il but à même, demandant au vin du courage. Le vin lui fit en effet oublier Ermengarde, et lui rendit le souvenir du véritable but de sa présence au château de Malestroit.

— Marguerite ! s'écria-t-il tout à coup. Les misérables l'auront-ils laissée échapper !

Il frappa violemment la table de son poing fermé ; les veines de son front se gonflèrent, son œil devint terne et sanglant.

— Pour me payer la perte de Marguerite, murmura-t-il, il faudra plus d'une vie !

A ce moment des bruits de pas se firent entendre dans le corridor, et les hommes d'armes entrèrent un à un. Personne n'avait vu la jeune comtesse.

— Qui vais-je pendre ? se demanda Guy de Plélan.

Le dernier homme d'armes entra. Il traînait un prisonnier qu'il poussa rudement au milieu de la salle et qui, ne pouvant soutenir ce choc brutal s'en vint tomber aux pieds du farouche capitaine.

C'était un jeune garçon à peine sorti de l'enfance. Il portait le costume des paysans de la haute Bretagne, mais sa longue veste et son haut-de-chausses de toile feutrée dessinaient sa taille délicate avec une apparence de coquetterie. Son visage aux traits réguliers et d'une beauté remarquable disparaissait presque derrière les boucles éparses de ses longs cheveux noirs.

Il se releva, croisa ses bras sur sa poitrine, et jeta autour de la chambre un rapide et furtif regard. Tant que dura ce regard, sa physionomie exprima une finesse peu ordinaire. Quand sa paupière se baissa, une apathique et morne indifférence se peignit sur ses traits. Plélan ne prit point garde à tout cela.

— Voilà tout ce que vous avez trouvé ? dit-il en s'adressant à ses hommes. Mort de ma gorge ! ce louveteau sera pendu, mais quelques-uns de vous lui tiendront compagnie.

Il se fit un craintif et sourd murmure parmi les gens de Rohan. On savait que Guy de Plélan tenait toujours les promesses de ce genre.

— Comment te nommes-tu ! reprit le capitaine en secouant rudement le bras de son prisonnier.

— Chantepie, répondit ce dernier.

— Chantepie ! répéta le capitaine avec un gros rire. Hé bien, Chantepie, mon ami, où la pie chante je vais t'envoyer tout à l'heure... Qu'on le pende à un des arbres de l'avenue!

Les soldats accueillirent ce brutal jeu de mots avec des transports exagérés. Ils étaient bien aises de faire passer la colère du capitaine. Deux hommes d'armes s'approchèrent incontinent pour s'emparer de Chantepie.

— Tout beau, mes maîtres! dit celui-ci.

Et, se penchant rapidement à l'oreille de Plélan, il ajouta :

— Monseigneur, bien fou le chasseur qui tue son chien au moment de se mettre en quête.

— Que dis-tu? s'écria vivement le capitaine. Saurais-tu où s'est réfugiée la dame de Malestroit?

Chantepie avait repris son apparente indifférence.

— Si je vous la fais trouver, demanda-t-il, que me donnerez-vous?

— Ta grâce.

— Et puis?

— Ce que tu voudras. Plein ton bonnet de nantais d'argent.

L'enfant ôta son bonnet, et le tendit dans tous les sens, comme pour lui donner plus d'ampleur.

— Il faut, dit-il, bien des boisseaux de macres (1), pour faire un écu nantais, et mon bateau commence à faire eau comme un crible. J'accepte.

— Messire, dit un des soldats de Plélan à voix basse, je reconnais maintenant ce jeune drôle. C'est Noël Torrec, le pêcheur de macres. Il passe pour le plus rusé matois du pays... Défiez-vous.

— Il suffit, dit le capitaine en se rengorgeant; n'as-tu pas peur que je m'en laisse conter par ce bambin?... Or, çà, Noël Torrec ou Chantepie, pourquoi ne me demandes-tu point ce qui t'attend si tu manques à ta promesse?

— Parce que je le sais.

---

(1) *Macres*, fruits aquatiques de la forme d'un tricorne et de saveur laiteuse, qu'on trouve en abondance dans les marais de l'Oust. Les riverains les font sécher et les mangent cuites à l'eau comme des châtaignes, dont elles ont à peu près le goût.

— A la bonne heure! Tu n'as donc pas peur de la hart?

— Monseigneur, une nuit d'hiver j'ai été pris par la glace au milieu des macres. C'était la mort, une mort plus lente et plus cruelle que celle que peut donner le fer ou la corde. J'offris mon cœur à Dieu et je m'endormis, monseigneur.

— Et qu'arriva-t-il?

— Un vent du sud et le dégel.

Chantepie, à ces mots, souleva le broc avec effort et but une toute petite gorgée d'un air fanfaron.

— Voici un petit gaillard intrépide, murmura Plélan. Ah çà! qui me réponds de toi, puisque tu ne crains pas la mort?

Chantepie montra son bonnet.

— J'aime les écus nantais, dit-il.

— C'est juste! touche là! le marché est conclu... Aboie, basset!

Chantepie regarda le capitaine en dessous et commença sans se faire prier davantage:

— Le chateau de Malestroit a de grands souterrains que fit construire madame Ermengarde, à ce qu'on dit, pour cacher monsieur son père qui avait pris les armes contre le roi de France. Ces souterrains ont une issue sur la lande...

— Et c'est par là qu'elle s'est échappée? interrompit Plélan.

— Si elle s'est échappée, reprit le pêcheur de macres. Moi, je crois qu'elle est encore dans les caves...

— Vite! s'écria Plélan, qu'on fouille le souterrain!

Les hommes d'armes interrogèrent Chantepie du regard.

— Vous voulez savoir, dit-il, par où l'on y pénètre? Il y a plus d'une porte, et l'une d'elle est plus près de vous que vous ne pensez... Garde à vous, seigneur sergent!

En prononçant ces mots, Chantepie frappa brusquement du talon un des carreaux de la salle, et une trappe à bascule joua presque sous les pieds du sergent qui recula épouvanté.

— Il y a quelque chose de diabolique là-dessous, murmura ce dernier.

— En marche ! commanda impérieusement Guy de Plélan, et qu'on me la ramène morte ou vive !

— Attendez, mes maîtres, attendez, dit Chantepie. Si vous ne la trouvez point dans le souterrain, montez à cheval et galopez sur le chemin de Pontivy... Son père est à guerroyer au pays de Cornouailles, ajouta-t-il d'un air d'intelligence, en s'adressant à Guy de Plélan ; elle aura voulu le rejoindre.

Plélan lui donna une petite tape sur la joue et sourit bénignement.

— Faites tout ce qu'il a dit, vous autres, s'écria-t-il. Ce bambin a, pour lui tout seul, une fois plus d'esprit que vous tous ensemble.

— Hélas ! monseigneur, murmura Chantepie, que vous ai-je fait pour que vous m'estimiez si bas ?

Les hommes d'armes firent la grimace, mais Plélan éclata de rire. Une minute après la trappe retombait sur le dernier soldat descendu dans le souterrain. Il ne resta dans la salle que deux sentinelles, le capitaine et Noël Torrec dit Chantepie.

Pendant que cela se passait, deux chevaux courant à toute bride tournaient le dos à la route de Pontivy et allaient à travers champs dans la direction des marais de l'Oust.

Sur l'un des chevaux était Toussaint Rocher, qui portait dans ses bras l'héritier de Malestroit ; sur l'autre s'asseyait la belle comtesse Marguerite de Guer.

Toussaint, le bon veneur, était à son poste au moment où les huguenots avaient attaqué le château ; il veillait ; mais que peuvent la vigilance et le courage contre le nombre? Une chose d'ailleurs l'avait empêché de combattre jusqu'à la mort : Marguerite et son fils n'avaient plus que lui pour protecteur.

Aussi, tandis que les derniers soldats de Guer tenaient encore aux murailles, Toussaint, aidé de Noël Torrec, jeune orphelin qu'il aimait comme un fils, avait sellé précipitamment deux chevaux et pris la fuite, par une issue secrète, avec la femme et le fils de son maître.

— Monte en croupe derrière moi, avait-il dit à Noël.

— Non pas ! répondit l'enfant ; le cheval a dix lieues à faire. Les voilà qui entrent d'ailleurs. Dans un instant peut-être vous allez être poursuivis, et il ne faut pas que cela soit, mon père Toussaint... Hop!

Frappant les deux chevaux d'une houssine qu'il tenait à la main, il les poussa dehors et referma la poterne.

— Noël! malheureux enfant! cria Toussaint qui voulut revenir sur ses pas.

Mais les cris des vainqueurs remplirent à ce moment le château, et Marguerite, éperdue, prononça le nom de son fils.

— Dieu aura pitié du pauvre Noël, se dit Toussaint, et je me dois avant tout au fils de mon maître.

En même temps il piqua des deux, entraînant la comtesse à sa suite.

En même temps il piqua des deux.

Toussaint et Marguerite prient pour Noël.

CHAPITRE II

LA LÉGENDE

Noël Torrec ou Chantepie, comme on l'avait surnommé à cause de son gai caractère, était le fils d'un ami d'enfance de Toussaint. Il demeurait d'ordinaire près de la vieille mère de ce dernier, au petit fief de Gourlà, de l'autre côté des marais. Bien que la distance de Gourlà au château de Malestroit fût considérable, Noël montait souvent un batelet pour aller porter des macres, produit de sa pêche ou mieux de sa moisson, à la dame de Malestroit, si belle et si bonne pour ses vassaux. En ces occasions, il passait la journée avec Toussaint, son mentor, dont l'esprit simple, grave et un peu timide, s'étonnait parfois en mesurant l'intelligence précoce et l'enfantine intrépidité de son élève.

Noël quittait le château vers la brune, il retrouvait son chaland attaché aux saules de la rive, et traversait le marais par la nuit la plus noire, comme il l'eût fait en plein jour. Le marais était son domaine ; il eût indiqué les yeux fermés, la place exacte de chaque bas-fond et de chaque tournant. Lui seul, peut-être, aurait pu dire, à une brasse près, la distance à laquelle on pouvait s'approcher impunément de ce terrible gouffre de Trémeulé, au-dessus duquel planait le spectre gigantesque que les paysans nommaient la Femme Blanche.

Toussaint, tout en galopant avec sa dame sur la route de Redon, avait laissé son esprit à Malestroit. Il pensait douloureusement aux périls qui menaçaient Noël, demeuré à la merci de Plélan, pour qui le meurtre était un passe-temps et un plaisir. Marguerite elle-même, préoccupée qu'elle était par son malheur, songeait parfois à l'intrépide enfant qui s'était dévoué pour la sauver.

— Nous pouvons ralentir notre course, madame dit enfin Toussaint ; Noël Torrec est entre nous et les huguenots. Il les empêchera de nous suivre.

— Pauvre jeune homme ! murmura Marguerite. Les gens de Rohan sont impitoyables... s'ils allaient le tuer !

Toussaint se sentit frémir.

— Ils sont impitoyables en effet, murmura-t-il d'une voix sourde. Madame, il faut nous recueillir et prier du fond du cœur, car Dieu seul peut sauver à présent ce généreux enfant.

Toussaint se découvrit et commença une oraison à voix basse. La dame de Malestroit l'imita. Puis tous deux poursuivirent leur route en silence, au milieu d'une nuit sans lune, et guidés seulement par la parfaite connaissance que Toussaint avait du pays.

— Monseigneur, dit cependant Chantepie à Guy de Plélan, lorsque les derniers hommes d'armes eurent passé la trappe du souterrain de Malestroit, la recherche peut être longue. Vous plairait-il, pour charmer l'ennui de l'attente, vider quelques flacons !

Guy frappa sur le broc qui était à côté de lui sur la table.

— Fi ! reprit Noël Torrec en souriant avec mépris, ceci est vin de vassal. Je connais une cachette où Guibert de Malestroit, père de messire Amaury mettait son vin de Gascogne. Je puis vous fournir à l'instant un flacon centenaire, monseigneur.

— Gauthier, dit Plélan à l'une des sentinelles, prends cet honnête garçon par le bras, et mène-le chercher le flacon qu'il m'annonce. Va, Chantepie, mon ami, je boirai volontiers de ce bon vin à ta santé.

Noël tendit en souriant sa main à la sentinelle. Bien que Plélan l'observât attentivement, il ne put découvrir aucun signe d'humeur ou de désappointement sur son gai visage.

— Cet enfant est sincère se dit Plélan en le suivant du regard. Il m'a donné la vraie piste de dame Marguerite, et je vais enfin tenir cette fière châtelaine en ma puissance... Ah! Malestroit, Malestroit! toi qui m'as humilié, vaincu, déshonoré, que me donneras-tu pour que je te rende ta femme et ton héritier?

Chantepie rentra en ce moment avec la sentinelle, qui portait un panier de flacons poudreux et humides. L'œil de Plélan s'anima à cette vue.

— Garçonnet, dit-il, tu es fait pour servir un gentilhomme. Veux-tu être mon page.

Noël s'inclina respectueusement.

— Votre page et votre échanson, monseigneur, répondit-il, en versant à Plélan une ample rasade.

Plélan but. Chantepie versa de nouveau, et Plélan but encore. Quand le premier flacon fut vide, Plélan tira son couteau et brisa le goulot de la seconde bouteille.

— Oh! oh! dit-il d'une voix déjà rendue rauque par un commencement d'ivresse, ce coquin de papiste, Guibert de Malestroit, se connaissait en vins, sur ma parole! Verse, Ganimède, à moi d'abord, puis à ces braves, tant qu'ils voudront... puis à toi, mon fils... puis au diable, s'il en veut! A propos de diable, n'ai-je point vu remuer le portrait de cette sorcière maudite?

Il montrait Ermengarde dont le sévère et mélancolique visage semblait, en effet, s'animer aux vacillants reflets des lampes.

— Silence, par pitié pour vous-même! murmura Noël Torrec, en affectant une subite épouvante.

— Pourquoi silence? demanda rudement le huguenot.

— N'avez-vous donc jamais entendu parler de la Femme Blanche des marais, monseigneur? demanda Noël à son tour, au lieu de répondre.

— Si fait; mais que m'importe cela?

— Ermengarde a trouvé moyen jusqu'ici de protéger sa race, dit l'enfant d'une voix grave, et bien des ossements, couvrent le sable au fond du tournant de Trémeulé.

Guy de Plélan éclata de rire.

— Mort de ma chair! s'écria-t-il, je permets à la sorcière de joindre mes ossements à ceux dont tu parles, quand il me viendra fantaisie d'engager avec elle un combat naval. Jusque-là, buvons! Or ça, Chantepie, mon joyeux page, je veux parier que tu sais quelque antique ballade?

— Je n'en sais qu'une monseigneur.

— Laquelle?

— Une vieille légende que m'enseigna un serviteur de messire Amaury.

— Que dit-elle ta légende?

— L'histoire de la Femme Blanche des marais.

— Toujours la Femme Blanche? N'importe! il me plaît de savoir quelle grimace fera madame Ermengarde en écoutant le récit de ses faits et gestes. Remplis les coupes, et dis-nous ta ballade.

— Que votre volonté soit faite, monseigneur.

Chantepie versa rasade au capitaine et à ses deux hommes d'armes. Ensuite, sur l'ordre de Plélan, qui craignait toujours une évasion, il se plaça au milieu d'eux et se prit à réciter, d'une voix lente et monotone une prose cadencée et sans rimes, où quelque poëte rustique avait consigné l'histoire de madame Ermengarde de Malestroit.

LÉGENDE DE LA FEMME BLANCHE

« Les gens de Malestroit, feront dire des messes, ils prieront à l'église paroissiale tendue de noir, car madame Ermengarde est morte, morte au tournant de Trémeulé.

« Hervé, notre seigneur, est fils d'Alain de Malestroit; sa fille, quand elle était encore de ce monde avait nom Ermengarde.

« Il n'y avait point à Nantes, la grande ville du riche duc, il n'y avait point à Rennes, qui est la capitale du pays breton, il n'y avait point ailleurs de dame ni de damoiselle qui pût disputer le prix de beauté à la fille de Malestroit.

« Les seigneurs suivaient de loin sa noire haquenée, en disant : » qui sera son époux ? » Puis ils se regardaient avec des yeux farouches, et leurs gantelets d'acier retentissaient en touchant la poignée de leur dague.

« Le duc François mourut. Madame Anne eut la Bretagne en héritage ; on vit des hommes d'armes de France chevaucher sur le pays breton.

« Hervé avait dit : « Je ne veux pas ! » Il suspendit à son flanc sa bonne épée, et ses vassaux se rangèrent autour de lui.

« Ils allèrent, au nombre de cent hommes, portant la lance, jusqu'à la ville de Redon, où coule la rivière de Vilaine. Il y avait à Redon des hommes d'armes de France, qui les reçurent vaillamment.

« On combattit. Malestroit fut vaincu. Ce fut la veille de la Chandeleur.

« Ermengarde avait quitté le château et passé les marais. Elle attendait son père au fief de Gourlâ. Malestroit revint, suivi de près par les gens du roi de France, de si près qu'ils pouvaient entre eux échanger des paroles.

« — Seigneur, dit à Hervé le capitaine Français, tu es faible, nous sommes forts. Mes soldats ont pris ton château de Malestroit, et je vais forcer ton dernier asile. Donne-moi ta fille, Ermengarde la belle, dont je ferai mon épouse, et mes hommes d'armes reprendront le chemin de Redon, et je te rendrai ton château de Malestroit.

« Hervé avait monté sur la muraille du manoir, pour entendre le capitaine français. Il alla trouver sa fille, et lui dit : « Le Français te demande en mariage, et il est le « plus fort ; mais ta volonté sera faite. »

« — Monseigneur, répondit Ermengarde la belle, un « homme n'aura point ma main, parce que j'ai donné mon « cœur à Dieu. »

« Le Français, ayant ouï les paroles de ce refus, entra en grande fureur. Il fit une brèche à la faible muraille du manoir et entra. Les serviteurs de Malestroit moururent ; ils moururent tous jusqu'au dernier.

« Alors Ermengarde saisit le bras de son père et l'entraîna vers les marais.

« Sur le rivage, il y avait trois chalands. Hervé monta sur l'un, et Ermengarde le poussa du pied au large, malgré son père qui l'appelait. Elle monta sur le second et quitta la rive. Le capitaine et ses hommes, qui accouraient à la poursuite du fugitif se jetèrent dans le troisième.

« Il n'y avait ni rames ni perche dans le chaland d'Hervé. Ermengarde les en avait retirées. Le chaland s'en alla à la dérive vers les bas-fonds du haut marais. La fille de Malestroit envoya à son père un baiser d'adieu et nagea vers le courant de l'Oust, qui formait une ligne blanche au milieu des eaux vertes du lac.

« Le Français resta indécis. Lequel des deux bateaux poursuivre? Ermengarde était assise à la poupe de son chaland. Elle souriait et semblait appeler le Français du regard. Le Français fit pousser vers Ermengarde la belle.

« Le sourire d'Ermengarde s'épanouit davantage. Elle donna quelques coups de sa rame. La proue de sa barque toucha le courant de l'Oust, et, virant aussitôt, se mit à suivre la rapide rivière. « Ferme sur nos avirons ! cria le Français ; gagnons, nous aussi, le courant. »

« Il gagna le courant. Le crépuscule du soir tombait. On entendait au loin, un bruit sourd, incessant, inexplicable. « Quel est-ce bruit ? » demanda le Français. Nul à son bord, ne sut lui répondre.

« Ce bruit, c'était le tournant de Trémeulé, au-dessus duquel ne planait point encore la Femme Blanche.

« Le chaland d'Ermengarde la belle fendait l'eau comme une flèche fend l'air. La barque du Français le suivait de près. Le bruit du tournant n'était plus ni sourd, ni lointain : il était éclatant et terrible.

« Tout à coup, le Français vit Ermengarde la belle se mettre à genoux et prier. Puis elle fit un signe de croix et demeura immobile. « Ferme sur les avirons ! » cria le Français.

« Son chaland bondit et toucha presque la barque d'Ermengarde la belle.

« Mais en ce moment la barque d'Ermengarde la belle tourbillonna et disparut. Elle avait touché la lèvre du tournant de Trémeulé, dont l'écume blanchâtre et lumineuse entourait déjà les Français. « Arrière ! » cria le capitaine.

« Il n'était plus temps. Le tournant saisit la barque, la fit pirouetter une minute et la précipita, broyée au fond du gouffre.

Chantepie s'arrêta. Plus il avançait dans sa ballade plus sa voix devenait monotone et voilée. Il avait son projet.

Les trois huguenots avaient continué de boire, et, complétement ivres, ils avaient mis leurs têtes sur la table. Mais, avant de se livrer au sommeil, Plélan, par un dernier éclair de raison, avait ordonné aux deux sentinelles de saisir chacun une main de Noël. Lui-même tenait son bras passé dans la ceinture de l'enfant.

Noël, ainsi serré de près, voulut voir jusqu'à quel point était profond le sommeil de ses gardiens. Il cessa de parler ; mais un grognement de Guy lui prouva que son nouveau maître avait besoin d'être bercé encore et il reprit aussitôt :

« Voilà pourquoi les gens de Malestroit prieront et pleureront dans la chapelle tendue de noir. C'est parce que madame Ermengarde est morte, morte au tournant de Trémeulé.

« Les Français périrent, et messire Hervé fut sauvé.

« Depuis ce jour, qui ne l'a vu ? madame Ermengarde revient chaque nuit planer au-dessus du gouffre qui fut son tombeau. Elle revient, parce que sa mort fut volontaire, et que, si elle sauva ainsi son père, ce fut au moyen d'un péché.

« Elle revient. — Les gens de Malestroit prient depuis bien longtemps pour elle ; mais qui peut dire quel temps Dieu a mesuré pour l'expiation de sa faute ?

« Elle revient ; — et si un fils de Malestroit se trouve en danger sur les marais par une nuit de tempête, elle éloigne sa barque du trou de Trémeulé. — Mais si un ennemi de sa maison s'approche et ose braver, après le coucher du soleil son terrible voisinage, elle étend son long bras de brouillard, et attire sa barque avec une force invincible.

« Puis elle la tord comme une poignée de chaume, et jette ses informes débris aux profonds abîmes du tournant.

« Les gens des marais la craignent et saluent de loin sa forme gigantesque. Ceux qui l'ont approchée d'assez près pour toucher sa robe diaphane étaient des gens hardis et téméraires. Ils n'ont point revu l'herbe verte du rivage et leurs os sont semés comme des cailloux au fond du courant de l'Oust.

« Ceci est la légende de la Femme Blanche, qui garde la nuit, le tournant de Trémeulé. »

Depuis quelques minutes, la voix de Noël faiblissait insensiblement. Après ces derniers mots, il continua de faire entendre un murmure indistinct et sans cesse décroissant.

Pendant cette deuxième portion de son récit, le matois enfant n'était point resté oisif. Rapprochant doucement les mains des deux soldats qui le tenaient à droite et à gauche, il avait dégagé les siennes avec des précautions infinies, et mis à leur place les deux mains de messire Guy lui-même, qui dormait d'un sommeil de plomb. Cela fait, il emprunta le poignard d'un des gardes, et coupa sa ceinture qui resta suspendue au bras du capitaine huguenot.

Il était libre, et eut grande envie de faire un bond de joie; mais, craignant le retour prochain des hommes d'armes engagés dans le souterrain, il réprima toute imprudente manifestation, et descendit aux écuries où il sella un cheval, pour partir bientôt au galop.

Quand Guy de Plélan s'éveilla le lendemain matin, il fut fort surpris de sentir ses deux mains serrées comme dans un étau. Ses deux hommes d'armes, de leur côté, ne furent pas médiocrement étonnés de se retrouver face à face avec leur chef devant une douzaine de flacons décapités. Leurs idées, vagues et indécises comme toujours le lendemain d'une orgie, résistaient obstinément à l'effort qu'ils faisaient pour comprendre. Ils se regardaient tous les trois ébahis.

Enfin Guy de Plélan reprit souvenir de ce qui s'était passé la veille.

— Qu'avez-vous fait de Chantepie? demanda-t-il tout à coup.

Ce fut pour les soldats un trait de lumière. Ils parcoururent la salle du regard et baissèrent la tête.

— Mort de mes os! cria Plélan, le drôle nous a échappé! Je devine tout maintenant. Il était d'accord avec la dame de Malestroit, et nos hommes d'armes vont revenir les mains vides...

Le jour commençait à poindre, lorsque Toussaint et madame Marguerite de Guer atteignirent les bords des marais de l'Oust. Leurs chevaux, rendus de fatigue se couchèrent épuisés sur l'herbe humide.

La dame de Malestroit, en mettant pied à terre, alla vers son fils que Toussaint tenait toujours dans ses bras, et le pressa passionnément sur son cœur.

— Que pourra faire Amaury, mon chevalier, pour payer votre dévouement, Toussaint? dit-elle, en adressant au fidèle serviteur un regard de reconnaissance. Vous avez sauvé tout ce qui lui est cher en ce monde.

Noël se sauve des mains de Plélan.

— Sauvé... répéta Toussaint avec un air de doute et d'hésitation ; Dieu le veuille !

Il se courba et approcha de terre son oreille...

— C'est le pas d'un cheval ! murmura-t-il. Dans dix minutes il nous aura rejoints.

— Que dites-vous ? s'écria Marguerite épouvantée.

— Il faut que nous nous embarquions sur-le-champ, madame. Quand nous serons sur l'autre bord et que j'aurai fermé sur vous la porte de la chambre secrète de Gourlâ, vous pourrez dire que je vous ai sauvée... pas avant !

Il fit une centaine de pas le long du rivage, et découvrit bientôt un chaland amarré aux saules. Le bateau était vieux et semblait hors d'usage ; l'eau filtrait à travers les ais mal joints. Toussaint hésita un moment, mais les pas du cheval étaient maintenant bien distincts et s'approchaient rapidement. Toussaint sauta dans le chaland, vida l'eau tant bien que mal, et commença à *percher* (1) de toute sa force, après avoir embarqué Marguerite et son enfant.

A peine avait-il quitté le rivage que le cheval déboucha du chemin pierreux par où ils avaient eux-mêmes gagné le bord de l'eau, et courut silencieusement sur l'épaisse pelouse, qui étouffa soudain le bruit de ses pas. Le jour était encore bien faible. Toussaint vit confusément cheval et cavalier glisser rapidement dans l'ombre, en suivant les sinuosités du rivage, puis tout disparut derrière un bouquet de saules.

Marguerite de Guer poussa un long soupir de soulagement. Toussaint secoua tristement la tête.

Ils avançaient lentement. Le chaland était lourd et faisait eau de toutes parts. Toussaint se demandait s'ils ne seraient pas gagnés par l'eau avant de toucher l'autre bord.

La partie des marais où s'étaient embarqués nos fugitifs est la plus difficile à traverser, à cause des langues de terre et des prolongements qu'il faut doubler. Il y avait une grande demi-heure que Toussaint perchait sans relâche, et la sombre ligne que formait la rive droite qu'il venait de

---

(1) On se sert de ce mot dans les marais pour exprimer l'action de conduire un chaland avec une perche.

quitter, semblait à peine éloignée d'un millier de pas. D'un autre côté, le jour ne s'éclaircissait point. Au loin, dans la direction du large, la forme colossale de la Femme Blanche se distinguait comme en pleine nuit, et l'ombre restait trop épaisse pour qu'on pût reconnaître le cours de l'Oust.

Bien des années s'étaient passées depuis que Toussaint avait quitté son état de chalandier pour devenir l'un des serviteurs du château. Pourtant, il n'avait pu entièrement oublier les signes caractéristiques et frappants qui annoncent la venue des brouillards d'automne. Il vit avec terreur des flocons de vapeur blanchâtre et cotonneuse courir le long des bords de son chaland, disparaître, puis revenir plus denses et plus ondés. En même temps, les étoiles qui brillaient encore au firmament semblèrent grandir et prirent une teinte blafarde. Le vent cessa tout à coup. La Femme Blanche élargit en tous sens ses proportions d'une façon démesurée et couvrit, en un clin d'œil une moitié de l'horizon.

Toussaint cessa de percher et croisa ses bras sur sa poitrine.

— Que faites-vous ? s'écria madame Marguerite. Pensez-vous qu'il soit prudent de s'arrêter ?

— Audace et prudence nous sont également inutiles désormais, madame, répondit Toussaint, dont le regard exprimait un morne désespoir. Le ciel m'est témoin que je donnerais de bon cœur tout mon sang pour vous sauver; mais il appartient à Dieu seul maintenant de vous venir en aide.

La dame de Malestroit leva sur lui un œil plein d'étonnement. L'eau du marais était calme et polie comme un miroir.

— Quel danger nouveau peut donc nous menacer ? demanda-t-elle.

Toussaint étendit la main vers l'endroit où se dessinait naguère la forme de la Femme-Blanche.

— Regardez, dit-il.

Marguerite regarda et se prit à sourire.

— Je ne vois rien, répondit-elle, si ce n'est un rideau de brouillrd qui, selon le proverbe nous promet une journée de beau soleil.

Toussaint baissa les yeux. La confiance de sa dame et maîtresse, en ce moment suprême lui serra le cœur.

— Hélas ! madame, dit-il seulement et à demi-voix, ce beau soleil tardera trop à venir, peut-être, pour que nous puissions le voir.

— Est-il possible? s'écria la pauvre mère, passant subitement de la sécurité à l'épouvante... ne pouvez-vous au moins sauver mon fils?

Toussaint ne répondit point, mais jetant là sa perche, il se mit à vider l'eau du chaland avec son chapeau de paille.

Pendant qu'il se livrait à cette occupation, la muraille de brouillard approchait. Bientôt le bateau fut entouré d'un voile épais qui cachait à la fois l'eau, la terre et le ciel.

— Je comprends, je comprends à présent, s'écria Marguerite de Guer en pressant convulsivement son fils entre ses bras.

Toussaint vidait le bateau sans relâche ; mais de nouvelles fissures se déclaraient à chaque instant, et l'on pouvait, en quelque sorte, calculer le moment où le chaland serait inévitablement submergé.

— Tout est fini! murmura enfin Toussaint en tombant épuisé.

Tant que Marguerite de Guer avait vu travailler son fidèle vassal, elle avait conservé un reste d'espoir. Ce dernier mot fut pour elle comme un arrêt de mort.

Elle se mit à genoux et pria.

Puis regardant son fils, qui dormait paisiblement sur son sein, elle dit :

— Mon Dieu ! j'étais une heureuse femme et une heureuse mère... Que votre volonté soit faite !

Puis encore elle ferma les yeux et attendit la mort.

Toussaint, lui, affolé par le danger de sa maîtresse, contemplait d'un œil morne l'eau du marais, qui effleurait déjà le plat bord du chaland.

A ce moment, une voix claire et enfantine, peut-être la voix d'un pâtre paissant ses brebis sur la rive, perça le brouillard, et apporta aux malheureux agonisants les notes joyeuses d'un refrain du pays.

Chant de Noël.

Noël sauve et conduit le bateau.

CHAPITRE III

CHANTEPIE

La voix chantait ainsi :

> Qu'il fasse chaud ou froid,
> Qu'il tonne ou bien qu'il vente
> Sur le bas-fond étroit,
> Je suis la macre errante,
> Et si quelqu'un parfoi
> Dans la tempête chante,
>   C'est moi !

Toussaint avait retenu sa respiration pour écouter mieux. Son âme entière semblait s'être concentrée dans son ouïe.

— C'est Noël ! s'écria-t-il en joignant les mains. Je reconnais sa chanson !

Marguerite releva lentement la tête. Elle n'osait se livrer à l'espoir.

Toussaint cependant se fit un porte-voix de ses deux mains et appela.

Le chanteur invisible n'entendit pas, sans doute, car la voix reprit :

> Il ne faut qu'un bateau
> Au petit Chantepie,
> Car il voit sans envie
> Les pompes du château.
> Vivant toujours sur l'eau,
> Il nargue la pépie,
> Et ne veut voir la vie
> Qu'en beau !

— Noël ! Noël ! cria encore Toussaint.

La voix commença un troisième couplet. Elle semblait s'être considérablement éloignée, car les paroles arrivaient maintenant indistinctes et pareilles à un murmure confus.

— Mon Dieu ! mon Dieu ! sanglota Marguerite de Guer, n'aurez-vous donc point pitié ?

Toussaint rassembla ses forces et poussa un dernier cri, prolongé, déchirant, plein de désespoir, puis il s'affaissa sur un des bancs du bateau.

Cette fois, le chant cessa tout à coup. Toussaint prêta avidement l'oreille, et un cri lointain lui arriva au travers du brouillard.

Le bon serviteur répondit de même, et, fou de joie, il se mit à genoux devant sa maîtresse, dont il baisa les mains avec transport.

Quelques minutes après, le chaland de Chantepie, conduit par la main exercée du jeune pêcheur de macres, apparut sortant de la brume. Il glissait sur l'eau, rapide et léger, comme un traîneau sur la glace. Marguerite et Toussaint montèrent dans le bateau de Noël.

— Si la pie n'avait point chanté, murmura l'enfant, notre vieille mère à tous deux aurait pleuré ce soir, mon père Toussaint.

— Noël, Noël ! s'écria le fidèle vassal, agenouille-toi et remercie Dieu, car tu as été par deux fois le sauveur du plus cher trésor de ton maître !

Noël obéit et toucha de ses lèvres la main de Marguerite de Guer. Celle-ci se pencha, lui mit un baiser au front et découvrit le visage de son fils endormi, afin que Noël le baisât à son tour.

— Noël, Noël ! dit Toussaint émerveillé, tu as gagné, mon fils, une glorieuse et noble récompense ! Maintenant tu peux, sans que je m'étonne, devenir gentilhomme et chausser les éperons dorés.

Noël voulut sourire, mais il avait des larmes dans les yeux.

— Merci, madame et maîtresse, murmura-t-il. Quelque jour, s'il plaît à Dieu, je donnerai tout mon sang pour vous.

Les marais de l'Oust, formés par la réunion de divers cours d'eau, divergents et d'inégale importance, s'étendent sur une longueur de quatre ou cinq lieues, entre deux amphithéâtres de verdure que couronnent d'un côté les grands arbres de la Forêt Neuve et de la forêt de Rieux, de l'autre la lande de Saint-Vincent, rampe aride, où perce à chaque pas la tête grise et moussue du roc.

Ils courent de l'est à l'ouest. En été, lorsque les eaux sont basses, le bassin des marais est une vaste prairie, coupée par d'innombrables ruisseaux. Mais, dès les premiers jours de l'automne, chaque ruisseau s'enfle tout à coup, déborde et mêle ses eaux à celles de l'Oust et de l'Aff subitement accrues. La prairie se fait lac ; on jette l'épervier et l'on darde la fouine à l'endroit où paissaient naguère pêle-mêle et de bonne amitié, comme au temps de l'âge d'or, les chevaux du châtelain, les vaches de monsieur le maire, et les moutons nains du pauvre tenancier de la loge couverte en chaume.

Au seizième siècle, il n'y avait point encore de maire, mais on connaissait déjà les moutons. Quand venait la crue des eaux, tous ces troupeaux disséminés sur la superficie des marais gagnaient à reculons le bas des deux rampes et se resserraient partout où restait à sec une mince bande de verdure. On eût dit de loin, et cela se voit encore à pareille époque, deux interminables rubans de toile écrue qu'on aurait mis sécher et blanchir au soleil.

Pendant la crue des eaux, comme les journées sont chaudes encore et que la gelée blanche est fréquente durant les matinées, l'eau des marais, échauffée par le soleil de la veille, se prend à fumer parfois vers la fin de la nuit. Sans doute d'autres circonstances, que nous ne saurions indiquer, favorisent ce dégagement subit de vapeur ; car le lac entier se couvre en quelques minutes d'un voile épais, blanc, presque compacte, et dont le mot brouillard ne pourrait donner qu'une faible idée aux habitants des villes. C'est une sorte de nuit éclairée. Ce voile opaque, mais rayonnant une lumière qui lui est propre, illumine vivement les objets qui se trouvent à portée de vos mains et cache complétement tout le reste. Vous voyez par exemple, un grand arbre aux rameaux duquel scintillent les prismes diamantés du givre ; vous en voyez une branche, deux branches ; — la troisième disparaît sous la brume, et il vous faudra avancer d'un pied pour l'apercevoir.

Ce brouillard, en cette saison, est dangereux et occasionne de fréquents naufrages. Il faut, en effet, un phare quelconque pour se diriger sur ce lac tranquille en apparence, mais coupé par des courants sans nombre. De jour, on nage droit vers les côtes ; la nuit, le spectre colossal de la Femme Blanche, qui s'aperçoit de toutes parts, peut servir de boussole ; mais le brouillard, quand il vient, confond tout dans une obscurité uniforme. Il faut rester en place et attendre.

Si le chaland est bon, le soleil arrive, qui chasse la brume, et l'on peut reprendre sa route.

Si le chaland est vieux et troué, ce qui est assez la coutume de ces pauvres contrées, le soleil vient encore ; mais il vient quelquefois trop tard. A la place où était le bateau, le lac s'est refermé, calme et lisse comme la surface d'un miroir ; il reflète joyeusement les rayons du soleil qui, pour lui, arrive toujours assez vite. Il n'y a rien là pour annoncer le naufrage et la mort.

On comprend maintenant pourquoi Toussaint avait senti fléchir son courage et cessé de « percher. » Entre lui et la rive, il y avait dix courants peut-être, dont neuf l'eussent porté tout droit au lit de l'Oust, puis au tournant de Trémeulé. Lutter contre le péril, c'était hâter l'heure de la mort.

Une fois sur le chaland de Noël, qui était neuf et tenait bien l'eau, nos fugitifs se trouvèrent à l'abri.

— Laisse là ta perche, Noël, et attendons le soleil, dit Toussaint.

Ce n'était pas là le compte de Chantepie.

— Père Toussaint, répondit-il, n'y a-t-il point beaucoup d'or au château de notre seigneur Amaury ?

— Sans doute... pourquoi ?

— Parce que Plélan, qui est un huguenot maudit, sans foi ni loi, et ne reculant point devant une méchante action, dira aux gens : « Voici de l'or ! beaucoup d'or ! Allez, cherchez, et ramenez-moi madame Marguerite ! »

— C'est vrai, murmura Toussaint.

— Or, des deux côtés du marais, quand le soleil brille, il y a des yeux ouverts, et quand l'œil a vu, la langue parle.

— Là où nous allons, dit Toussaint, il n'y a que des vassaux fidèles...

— N'avez-vous jamais entendu, interrompit Noël, monsieur le recteur raconter en chaire l'histoire de la Passion de Notre-Seigneur?... Le bon Jésus fut trahi, mon père, pour trente deniers, par un de ses hommes liges.

— C'est vrai, dit encore Toussaint; mais que faire à cela?

— Judas n'aurait point trahi, père Toussaint, s'il n'eût point su où trouver notre Sauveur. Profitons du brouillard, marchons vite, et que madame Marguerite passe le seuil de son manoir de Gourlâ avant que personne ait pu l'apercevoir.

Toussaint regarda son pupille avec une naïve admiration.

— Noël, Noël, dit-il, que Dieu te prête vie, mon fils, et tu deviendras grand seigneur!

La dame de Malestroit elle-même ne put s'empêcher d'admirer la sagacité précoce et le dévouement de Noël.

— Quand tu auras l'âge, enfant, dit-elle en souriant, monseigneur Amaury te fera chevalier. Si Dieu permet que je le revoie, ma première parole sera pour toi.

— Moi, chevalier! s'écria Chanteple en éclatant de rire, et qui pêcherait, s'il vous plaît, des macres pour le château?

Ce disant, il appuya sa perche contre son épaule et, traversant le chaland dans toute sa longueur, il lui donna une vigoureuse impulsion.

— Le fond cède, murmura-t-il, nous allons entrer dans l'Oust.

Au même instant, le chaland vira de lui-même, et nos fugitifs se sentirent emporter rapidement par le courant.

— Sommes-nous bien loin du tournant? demanda Marguerite avec effroi.

— Dans une minute nous allons l'entendre, mais on l'entend longtemps avant de le voir.

Il déposa sa perche et vint mettre un genou en terre devant sa suzeraine.

— Et maintenant, ma noble dame, dit-il, je vous supplie de m'octroyer un don.

— Fi! Noël! fi! murmura Toussaint.

— Laissez-le parler, dit Marguerite. Je jure par Notre-Dame de Guer de ne lui rien refuser.

— Vous l'avez entendu, mon père Toussaint ! s'écria Noël ; je demande la bague que vous donna messire Amaury de Malestroit le jour béni de vos fiançailles.

Marguerite de Guer se dressa et prit un visage sévère.

— Vassal, dit-elle, j'ai juré par Notre-Dame, et je tiendrai mon serment quoi qu'il advienne ; mais que prétends-tu faire de mon anneau nuptial ?

— Je prétends en orner mon doigt, ma bien-aimée maîtresse...

— Malheureux enfant ! voulut interrompre Toussaint, le veneur.

— Je prétends, reprit Noël, le montrer comme gage d'une mission importante, dont je ne suis point digne peut-être, mais que, avec l'aide de Dieu, je tâcherai de mener à bonne fin.

— Quelle mission ? demandèrent en même temps Marguerite et Toussaint.

— Ne faut-il pas, reprit encore Noël, que messire Amaury soit instruit du danger de madame Marguerite et de l'héritier de Malestroit ?

Le front de Marguerite de Guer se dérida tout à coup.

— N'y a-t-il point de péril à se charger de ce message ? demanda-t-elle, en faisant glisser l'anneau le long de son doigt blanc et délicat.

— Je ne sais, répondit Toussaint, dont l'effroi avait fait place à l'allégresse, mais mon fils Noël ne craint point le danger quand il s'agit de servir Malestroit.

Et il frappa sur l'épaule de l'enfant avec orgueil.

Marguerite de Guer réfléchit un instant.

— Voici mon anneau, dit-elle, et je ne te parle plus de récompense, Noël, car tu as le cœur d'un gentilhomme !

Chantepie prit la bague et se releva gaiement, tandis que Toussaint versait des larmes de joie.

— Ecoutez, dit l'enfant ; voici le ramage de la Femme Blanche, et il est temps de se mettre en besogne.

Le gouffre mugissait, en effet, à peu de distance. Noël saisit sa perche ; mais il ne put trouver le fond et dut avoir recours à ses rames. En un instant le bateau tourna sur lui-même, et, coupant de biais le courant de l'Oust, entra bientôt dans une eau tranquille et dormante. Noël reprit alors sa perche et ne la quitta qu'au moment où le chaland toucha le rivage.

Il n'avait pas hésité une seule fois, durant la traversée. Nous l'avons dit, le marais était son domaine. Des signes à peine perceptibles, et qui eussent été muets pour tout autre, lui enseignaient son chemin : la couleur de l'eau, sa profondeur, la consistance du fond, la direction des courants, tout lui servait à diriger sa barque d'une manière sûre et rapide.

Quand les trois fugitifs débarquèrent sur la rive, le brouillard commençait seulement à se dissiper. On apercevait le disque du soleil, rougeâtre et rapetissé par la réfraction ; mais ses rayons ne perçaient encore qu'imparfaitement la masse brumeuse, et la dame de Malestroit put passer, sans être vue, le seuil de son fief de Gourlâ.

Guy de Plélan, que nous avons laissé au château de Malestroit, furieux d'avoir perdu Chantepie, dont il comptait se servir comme d'un limier pour relever la piste de madame Marguerite, se prit à réfléchir profondément. En réfléchissant, il s'endormit.

Quand il s'éveilla, le soleil entrait par les hautes fenêtres à vitraux peints du salon de Malestroit. Son premier regard tomba sur le portrait de madame Ermengarde, qui était éclairé brillamment. Cela le mit en colère.

— Sorcière infâme ! s'écria-t-il, c'est ton histoire maudite qui est cause de tout ceci. Tiens, reçois ton salaire !

Et, saisissant le broc vide, il le lança de toute sa force vers le malheureux portrait, qui en reçut de notables dommages.

Après cette légitime vengeance, le vaillant capitaine se rendit dans la cour du château, où se trouvaient ses hommes d'armes.

— Où sont Gauthier et Corentin ? dit-il.

C'étaient les noms des deux sentinelles qui avaient veillé avec lui dans le salon. Corentin et Gauthier se présentèrent.

Gauthier, reprit-il, toi qui as le bras long, enfonce-moi deux clous dans la traverse de cette porte, deux forts clous à bonne distance l'un de l'autre.

— Gauthier prit un marteau et enfonça les clous.

— Toi, Corentin, continua le huguenot, va me chercher deux cordes de quatre ou cinq pieds chacune ; deux bonnes cordes capables de porter un poids raisonnable.

— C'est fait, dit bientôt Gauthier en jetant son marteau.

— Voilà ! dit à son tour Corentin en présentant les cordes.

— C'est bien ! Maintenant, mettez-vous à genoux, et faites une prière, si vous en savez quelqu'une par hasard.

Les deux hommes d'armes pâlirent; ils avaient deviné le dessein de Plélan.

— Au nom de la Vierge, pitié! cria Corentin.

— Sur votre salut, miséricorde ! cria Gauthier.

Plélan éclata de rire.

— Qui parle ici de la Vierge? Ne saurez-vous pas mourir comme de bons calvinistes, sans invoquer les saints et autres momeries? Quant à mon salut, mort de mon sang ! cela me regarde, et je vous engage à n'y point songer plus que moi.

Il fit un signe. Les deux cordes furent solidement nouées, et les deux malheureux hommes d'armes, pendus par le cou, se balancèrent bientôt au-dessus du seuil.

— Maintenant, reprit Guy de Plélan, quelqu'un de vous est-il clerc, mes camarades ? N'ayez pas peur, je ne pendrai plus personne aujourd'hui. Qui de vous sait écrire ?

Un soldat sortit des rangs. Plélan se fit apporter une feuille de parchemin et dicta ce qui suit :

« Guy, chevalier, seigneur de Plélan, à tous ceux qui les présentes verront, salut !

« Il est promis dix écus d'or de trente livres tournois à quiconque ramènera audit chevalier de Plélan la femme et le fils du papiste Amaury de Malestroit.

« Qu'on se le dise ! »

Le vaillant capitaine scella cette pancarte à l'aide du pommeau de son épée, et la fit afficher à la porte de l'église de Malestroit, ayant soin de poster auprès un de ses hommes pour la défendre au besoin, et surtout pour l'expliquer. Ensuite, il chargea son sergent d'un double de cette proclamation, et lui enjoignit de parcourir les villages environnants, afin que nul n'ignorât ses munifiques intentions.

Satisfait de l'emploi de sa matinée, il s'assit à la table des seigneurs de Malestroit et se fit servir à déjeuner.

A la première rasade il rejeta son gobelet loin de lui.

— Pouah! fit-il; qu'on m'aille chercher du vin que Chantepie, ce jeune drôle, m'a fait goûter hier.

Les quarante-six hommes d'armes restants se mirent à fureter; mais c'était le malheureux Gauthier qui, la veille, avait accompagné Noël dans sa visite aux celliers de Malestroit. Les autres ignoraient la route.

— Qu'on dépende Gauthier! s'écria Plélan en se souvenant tout à coup de cette circonstance.

Il était trop tard, Gauthier ne respirait plus.

— Mort de ma chair! s'écria Guy de Plélan, le manant aurait pu attendre, pour rendre l'âme, qu'il nous eût dit où ces chiens de papistes mettent leurs vins de choix. Mais il ne fut jamais bon à rien en sa vie, et je le cède au diable de grand cœur?

Ce fut là l'oraison funèbre de l'infortunée sentinelle.

Quelques heures après, Plélan monta à cheval et abandonna Malestroit dévasté, pour reprendre le chemin de la Roche-Bernard, où était son quartier général.

Marguerite de Guer était dans la chambre secrète de Gourlà, demi-couchée sur un fauteuil, près de son enfant, qui s'était éveillé et souriait, ignorant les dangers qu'il venait de courir. Autour de ce groupe se tenaient debout Noël Torrec, surnommé Chantepie, Toussaint le veneur, et dame Marthe Rocher, sa vieille mère.

— Ainsi, jeune homme, disait Marguerite à Noël Torrec, les périls de l'aventure n'effraient point votre courage? Vous êtes déterminé à porter un message à mon époux?

— Il y a loin d'ici Quimper! soupira la vieille Marthe, qui partageait également sa tendresse de mère entre Toussaint et Noël; l'enfant sera mort avant d'arriver, j'en ai peur.

— Mieux vaudrait peut-être que je partisse moi-même, dit Toussaint.

— Non, non, non! prononça par trois fois Chantepie. A chacun son rôle, mon père Toussaint! Veillez sur le dépôt qui vous fut confié: vous gardez l'enfant et la mère; moi j'irai chercher du secours... et j'en amènerai.

— C'est un péché que de tenter la Providence, reprit à voix basse Marthe, qui souriait et pleurait à la fois; mais si l'enfant le dit, il le fera.

— Qu'il parte donc, dit Toussaint avec tristesse.

— Pour ça, continuait la vieille au dedans d'elle-même, on ferait bien des lieues avant de trouver son pareil !

Marguerite de Guer semblait indécise ; elle s'était prise de tendresse pour cet enfant, si dévoué, si intelligent, si courageux. Se faisant une idée vague et terrible des périls du voyage à travers les campagnes ennemies, elle hésitait à l'embarquer dans une entreprise devant laquelle un homme dans la force de l'âge aurait peut-être reculé, mais un regard jeté sur son fils mit fin à son irrésolution.

— Qu'il parte ! dit-elle à son tour.

Chantepie n'attendait que ce mot. Il embrassa la vieille Marthe et Toussaint, baisa la main de madame Marguerite et se dirigea en courant vers la porte. Sur le seuil, il dit :

— Regardez bien, le soir, ce rocher blanc qui tranche au milieu du feuillage de la forêt sur l'autre rive, et quand vous y verrez un feu allumé, venez me chercher dans mon chaland, père Toussaint, j'aurai vu messire Amaury.

Il sortit, et Toussaint le suivit.

La châtelaine et la vassale se penchèrent à la fenêtre. Noël était monté sur un petit cheval, et Toussaint marchait près de lui sa carabine sur l'épaule.

Au lieu de descendre vers le marais, Noël prit un sentier menant dans les terres et disparut bientôt derrière les arbres du chemin.

Marguerite de Guer revint vers le berceau de son enfant, sur le front duquel elle déposa un baiser.

— Puisses-tu ressembler un jour à ce noble cœur ! pensa-t-elle tout haut.

— *Amen !* répondit la vieille avec orgueil, car on ne peut rien souhaiter de mieux pour l'héritier de Malestroit.

Il y avait dix minutes à peine que Noël avait quitté le manoir ; Toussaint lui faisait ses derniers adieux et recommandations, sans oublier de glisser dans sa main une bourse assez bien garnie, lorsqu'un homme d'armes se montra au bout du chemin.

Noël ne prit pas garde ; il reçut la dernière accolade du veneur et piqua des deux. Toussaint revint sur ses pas.

— Dieu vous garde, messire ! dit Noël en passant près de l'homme d'armes qui allait tête baissée.

Celui-ci leva les yeux. Ils se reconnurent en même temps. Chantepie tourna bride et le soldat le poursuivit au grand galop.

— Scélérat ! lutin maudit ! criait ce dernier en poussant son cheval, je te tiens, cette fois ! Tu es cause que deux honnêtes garçons ont été pendus ce matin, et que j'ai passé la nuit, moi, dans une cave humide et sans issue... Par saint Calvin ! Tu vas payer tout cela !

Toussaint se retourna au bruit. Il vit que le soudard, dont le cheval était un fort normand, gagnait à chaque instant du terrain. Il vit aussi que le cavalier portait à sa toque les couleurs de Rohan.

— Au secours ! cria l'enfant sur le point d'être atteint.

Toussaint tendit le rouet de son arquebuse et cria au soldat de s'arrêter.

Loin d'obéir, celui-ci, près d'atteindre Noël, brandit sa longue épée au-dessus de sa tête. L'enfant fuyait dans la direction de Toussaint, ce qui, joint au peu de distance qui séparait les deux cavaliers, ne permettait pas au veneur de tirer.

— Au secours ! répéta Noël.

A ce moment, son cheval broncha ; le soldat s'éleva sur ses étriers pour frapper. Toussaint aperçut sa tête au-dessus de celle de Noël, et pressa la détente de son arme.

Toussaint vise le huguenot.

Il se tourne vers l'homme d'armes.

CHAPITRE IV

LE DÉFI

Le coup partit. Le soldat, Noël et le cheval de ce dernier roulèrent dans la poussière.

— Je l'ai tué ! j'ai tué mon fils Noël ! murmura le veneur avec accablement.

— Bien visé, mon père Toussaint ! répondit l'enfant qui se remit lestement sur ses pieds ; sans vous, je n'aurais pas été loin sur la route de Quimper.

Il essaya de relever son cheval, et, le trouvant gravement blessé aux genoux par les cailloux du chemin, il se tourna vers l'homme d'armes. Celui-ci avait reçu la balle de Toussaint au milieu du front : il était mort.

Cet homme d'armes n'était autre que le sergent de Guy de Plélan, chargé par ce dernier de proclamer dans les bourgs et villages la mise à prix de Marguerite de Guer et de son fils ; il s'acheminait vers Saint-Vincent pour accomplir sa mission, au moment où la balle de Toussaint l'avait jeté mort à bas de son cheval, et portait encore à son cou, suspendue par un fil de soie, la feuille de parchemin qui contenait promesse de dix écus d'or à quiconque livrerait la dame et l'héritier de Malestroit.

Noël arracha le fil de soie et lut. Dès les premières lignes, tout son sang reflua vers son cœur. Il froissa convulsivement le parchemin et sauta en selle sur le cheval du soldat, qui, bien dressé, demeurait immobile à la place où était tombé son maître.

— Je l'avais deviné! pensa-t-il; on tentera Judas, et il faut que je me hâte, si je ne veux arriver trop tard!

Il fit un geste d'adieu et de reconnaissance à Toussaint qui se hâtait pour se bien assurer qu'il n'était point blessé, et, faisant sentir l'éperon au fort normand qu'il avait maintenant entre les jambes, il partit ventre à terre.

Toussaint s'arrêta devant le cadavre du sergent, et tâta son cœur qui ne battait plus. Le bon veneur était tout pâle, la sueur découlait de son front.

— Cet homme était un chrétien! murmurait-il; et c'est moi qui l'ai tué!

Il se mit à genoux, fit une courte prière, et, par habitude, rechargea son arme avec soin.

— J'y penserai longtemps! reprit-il en secouant la tête. Quand il s'agirait de sauver ma propre vie, je ne recommencerais pas... Mais c'était pour mon fils Noël!

Au delà des marais qui gardent son nom, l'Oust, grossie par l'Aff et par de nombreux ruisseaux tributaires, coule, rapide et profonde, entre deux rives escarpées. On a établi plusieurs ponts le long de son cours; mais, à l'époque où se passe notre histoire, il ne se trouvait depuis les marais jusqu'à la Vilaine que quelques bacs, affermés féodalement et sujets à des droits de péage. La Vilaine elle-même n'avait de pont qu'à Redon; mais à Rieux les seigneurs de ce nom avaient établi un bac de passage, gratuit pour tous ceux qui portaient le harnais de guerre.

Guy de Plélan, voulant profiter de ce bénéfice, suivait au pas, la rive de l'Oust, à la tête de ses quarante-six hommes d'armes. Le jour se montrait déjà. Plélan avait laissé à sa droite le clocher aigu de Questemberg, et pressentait, à l'aspect plat et monotone du paysage, le voisinage de la Vilaine, pauvre fleuve, auquel la rude franchise bretonne a infligé sans détours le nom qui lui convient.

— Blaise, disait le capitaine à un vieux cavalier, qui, en l'absence du malheureux sergent dont nous avons vu la fin, devenait le personnage le plus important de la troupe, as-tu entendu parler quelquefois de cette damnée, que les gens du marais appellent la Femme Blanche.

— Je l'ai vue, répondit Blaise.

— Tu l'as vue?..

— De trop près. Ce n'est pas d'aujourd'hui que les gens de Rohan font la guerre à Malestroit. Une nuit que nous étions une soixantaine de bons garçons dans les marais pour surprendre le manoir de Gourlà, j'entendis tout-à-coup le mugissement infernal de la sorcière. Je regardai... Sur mon honneur, messire, je vis son bras blanc et long comme le grand mât d'un caravelle s'étendre vers nous et ouvrir sa griffe pour saisir notre bateau.

— Que fis-tu, Blaise? demanda le capitaine avec une curiosité mêlée de terreur.

— Je fermai les yeux, capitaine.

— Et qu'advint-il?

— Notre « percheur » connaissait les marais ; il chanta je ne sais quel charme magique, et la main de la Femme Blanche, en se refermant, ne saisit qu'une poignée de l'écume de notre sillage.

— Ce fut heureux pour toi, Blaise, dit Guy de Plélan d'un ton rêveur... Penses-tu qu'une bonne décharge d'arquebuses ne la ferait pas rentrer dans son trou pour toujours, cette vieille-là?

Blaise leva vers lui un regard ébahi.

— Des arquebuses? murmura-t-il ; vertubleu! qui donc serait assez hardi pour allumer sa mèche à portée de la Femme Blanche?... Et puis, sauf meilleur avis, messire, on ne tue point facilement les fantômes, parce qu'ils sont morts une fois déjà.

— Ignorant! grommela le capitaine en haussant les épaules : tu crois à ces contes, toi?... Or çà, continua-t-il en s'adressant à la troupe entière reconnaîtriez-vous bien ce jeune drôle qui nous proposa hier de remettre en nos mains madame Marguerite de Guer, femme de Malestroit?

Les soldats répondirent affirmativement.

— Et vous souvenez-vous, reprit le capitaine, de la récompense généreuse qui lui avait été promise?

— Plein son bonnet de nantais, s'écria Blaise ; c'est plus que n'en demanderait un honnête soldat pour risquer la potence!

— Eh bien! mes fils, reprit encore Plélan, retenez ceci et faites-en profit si vous pouvez : Celui qui me rapportera la tête et le bonnet de Chantepie recevra, en échange de la tête, plein le bonnet de nantais !

Au moment où Plélan prononçait le nom de Chantepie, une voix fraîche et grêle, que nos lecteurs eussent sans doute reconnue, se prit à chanter sur l'autre bord. Les quarante-six hommes d'armes et leur chef tournèrent à la fois la tête ; mais ils ne virent rien : un taillis épais s'étendait en face d'eux à perte de vue.

Guy de Plélan arrêta son cheval, et, abaissant sa main sur ses yeux en façon de visière, il tâcha de percer la verdure qui s'interposait entre lui et l'objet de sa curiosité. Ce fut en vain. De guerre lasse, le détachement reprit sa route.

Mais Plélan ne perdait pas de vue l'autre rive et guettait un accident de terrain qui lui permit d'apercevoir le chanteur.

— Si c'est lui, comme je le crois, murmurait-il en fronçant ses sourcils touffus, je vais le forcer à courre comme un blaireau... Mort de ma rate ! s'écria-t-il tout à coup, il est à cheval. Bandez vos arbalètes et tenez vous prêts.

Les soldats de Plélan étaient armés pour une surprise. Au lieu de l'arquebuse, ils portaient de courtes arbalètes et n'avaient pour armes à feu que leurs massifs pistolets.

A peine Plélan avait-il prononcé le commandement, que toutes les arbalètes, bandées, furent mises en arrêt. Au même instant, un enfant, monté sur un fort cheval de guerre, sortit, toujours chantant, du taillis, et traversa au trot une petite clairière.

Plélan fit un signe : quarante-six carreaux franchirent en sifflant la rivière.

Chantepie — car c'était lui — sauta sur sa selle et fit prendre le galop à sa monture, mais il n'interrompit point sa chanson.

— Tirez encore, tirez ! criait Guy de Plélan furieux.

Les soldats firent une seconde décharge, qui, par trop de précipitation, resta encore sans résultat.

— Mort de moi-même ! hurla le capitaine, ce démon nous échappera-t-il toujours !

Comme s'il eut voulu porter au comble la rage de ses agresseurs, Chantepie, avant de rentrer dans le taillis, ôta son bonnet et fit, de loin, une ironique salutation.

Plélan, dans sa rage impuissante, montra le poing et se donna au diable, par habitude ; mais Satan ne tint pas compte du cadeau, parce qu'il regardait depuis longtemps le bon capitaine comme sa propriété légitime.

Il faisait nuit noire. Les hommes d'armes de Rohan étaient arrivés depuis une demi-heure au bac de Rieux et s'enrouaient à maudire le batelier du passage qui, endormi sans doute ou faisant la sourde oreille, n'avait point répondu encore à leurs clameurs.

— Rohan ! au bac pour Rohan ! criait le capitaine. A ton devoir, misérable vassal ! Rohan ! Rohan ! Rohan !

Nulle voix ne répondit à ce dernier appel ; mais on entendit sur l'autre bord un bruit de chaînes annonçant que le bac allait enfin traverser la rivière.

— Tel maître, tels vassaux, grommela Plélan. Les gens de M. de Rieux n'aiment pas plus Rohan que Calvin, et ce va m'être une satisfaction véritable que de frotter les oreilles à ce dormeur qui vient là-bas.

— Sauf respect et meilleur avis, dit Blaise à voix basse, je crois qu'il sera prudent d'attendre pour frotter les oreilles au batelier qu'il nous ait mis sur l'autre bord.

Guy de Plélan sentit la justesse de ce conseil et garda le silence.

— Combien êtes-vous, mes maîtres ? dit à ce moment le batelier.

— Quarante-sept, répondit Blaise avec douceur.

— A pied ou à cheval ?

— A cheval.

— En ce cas, ce sera six voyages : le bac ne peut porter plus de neuf cavaliers.

Les neuf premiers hommes d'armes entrèrent dans le bac et passèrent.

— Blaise, dit le capitaine, je crois que le malin esprit est dans mes oreilles. La pensée de ce lutin maudit qui nous a échappé encore, il y a deux heures, me poursuit à tel point, que la voix du batelier m'a semblé être la sienne.

— La voix du batelier, répondit Blaise, est plus grosse et plus enrouée.

— On peut déguiser sa voix...

— Neuf autres cavaliers ! dit en ce moment le passeur en touchant la rive.

Plélan fit un soubresaut sur son cheval.

— Blaise, murmura-t-il, c'est lui ou c'est le diable.

Le vieil homme d'armes ne crut point devoir contredire son chef.

— C'est un grand malheur! pensa-t-il seulement : voici messire Guy devenu fou!

— Neuf autres cavaliers! répéta le batelier, de retour de sa deuxième traversée.

Il fit ce voyage, puis deux autres encore après. La sixième fois, il ne restait plus sur la rive droite que Plélan et Blaise. Quarante-cinq cavaliers les attendaient sur l'autre bord.

Le capitaine et son confident mirent pied à terre à leur tour. Blaise entra le premier. Guy de Plélan, tenant son beau cheval par la bride, mit ensuite le pied sur le bac. Le batelier était à l'avant, immobile et appuyé sur sa perche. En passant près de lui, Plélan lui jeta un oblique regard; mais la nuit était sombre, et tout ce qu'il put voir, c'est que le batelier était de petite taille et de bien frêle apparence pour exercer un si rude emploi.

— Une fois de l'autre côté, pensa-t-il en tirant la bride de son cheval, je saurai à quoi m'en tenir, et alors, gare à lui !

Guy de Plélan se trompait. Il ne devait point rester si longtemps dans l'incertitude.

Avant que son beau cheval eut quitté le bord, le batelier leva sa perche, et, déchargeant un violent coup sur la bride, il fit lâcher prise au capitaine, qui se sentit en même temps frapper au visage. Ensuite, plus prompt que l'éclair, le batelier sauta sur la rive et repoussa du pied le bac.

— Guy de Plélan, dit-il sans déguiser sa voix davantage, au nom d'Amaury de Malestroit, mon seigneur, j'ai mis ma main sur ta joue, qui est celle d'un chevalier discourtois et déloyal. Au nom de mondit seigneur, je t'insulte et te provoque, lâche oppresseur de femmes! Dieu seul peut dire quels seront le jour et le lieu du combat; mais si Malestroit ne peut ou ne daigne retirer son gage, moi, Noël Torrec, je te tuerai, Guy de Plélan !... En attendant, souviens-toi que madame Marguerite est sous la garde d'une sainte qui donna sa vie au Seigneur pour sauver l'âme de son père. La Femme Blanche veille sur sa race : ni vilain ni gentilhomme ne l'attaquera sans péril !

A ces derniers mots, Chantepie lança un petit paquet dans le bateau qui s'éloignait, et, montant le magnifique cheval du capitaine, il partit au grand trot.

Guy de Plélan était resté comme pétrifié. L'étonnement, la fureur, l'épouvante se partageaient son âme et paralysaient sa volonté. Son intelligence, violemment ébranlée, confondait dans ce premier moment la sorcière Ermengarde et Noël Torrec, pour en faire un seul et même ennemi fantastique, insaisissable, invincible, toujours prêt à le poursuivre, toujours capable de l'atteindre.

Au bout de quelques secondes, il porta sa main à sa joue, que brûlait encore l'outrage qu'il avait reçu.

— Mort de ma barbe! dit-il d'un ton dolent, penses-tu, Blaise, qu'un soufflet du diable puisse déshonorer un chevalier?

— Si c'est le diable, répondit Blaise, il n'est point si méchant qu'on le fait; car il aurait pu nous noyer tous les deux... Tenez, messire capitaine, voici quelque chose que, diable ou non, il a jeté dans le bateau.

Guy de Plélan prit l'objet qu'on lui présentait et l'approcha de ses narines, pour voir s'il n'exhalait point une odeur de soufre.

— C'est un gant, dit-il, et quelque chose avec..... Pousse le bac, Blaise, ou le courant nous emportera.

Blaise obéit, et bientôt les deux retardataires eurent rejoint les quarante-cinq hommes d'armes qui s'impatientaient sur l'autre bord. Peu à peu Guy de Plélan reprenait son assiette ordinaire, et sentait revenir tout à la fois son insolence et son intrépidité accoutumées.

— Çà, mes fils, dit-il en touchant le sol, le passeur de Rieux est un mécréant de papiste, il vient de nous jouer un tour pendable en prêtant sa barque au démon... Que pensez-vous qu'il faille lui donner en récompense de cette félonie?

— La corde! répondirent les huguenots.

— Fi! s'écria Plélan; nous avons eu déjà ce matin une pendaison. Si bon que soit un mets, on s'en fatigue. Blaise, mon ami, enfonce la porte du passeur, mets-lui une pierre au cou, et... Tu m'entends! Dépêche!

Blaise, d'un seul coup de sa lourde botte, jeta à bas la porte vermoulue de la cabane du batelier passeur de Rieux. Une lampe brillait à l'intérieur, où deux femmes, à genoux près du lit d'un mourant, pleuraient.

— Où est le passeur! cria-t-il.

Les deux femmes, d'un geste muet, montrèrent le moribond.

— Quel est donc, reprit Blaise, l'homme qui nous est venu chercher sur l'autre bord ?

— Je l'ignore, répondit une des femmes. Il est venu demander passage, et, comme il nous a trouvées dans les larmes, il a pris la clef du bac.

— Tout cela est fort naturel, pensa Blaise, et le diable n'y est pour rien.

Et afin de laisser mourir en paix le pauvre passeur, il jeta dans la Vilaine une grosse pierre, pour figurer le bruit que fait en tombant le corps d'un homme qui se noie.

— Est-ce fait? demanda de loin Plélan, qui montait maintenant le cheval d'un de ses hommes.

— C'est fait, répliqua Blaise.

Le détachement se remit en marche et entra dans le bourg de Rieux.

Quand Guy de Plélan se fut installé, auprès d'un bon feu, dans la meilleure maison de l'endroit, il tira de son sein le gant et l'autre objet lancé par Chantepie.

— Ventrebleu! s'écria Blaise, c'est le parchemin! j'avais bien cru reconnaître là-bas, dans le taillis, le cheval de notre sergent; mais maintenant, plus de doute!

— Penses-tu qu'on ait osé tuer un sergent de Rohan? demanda le capitaine.

— Je ne sais; mais la main d'un sergent de Rohan ne s'ouvre pour livrer le dépôt qui lui est confié que quand son cœur ne bat plus.

— C'est vrai! murmura Guy de Plélan, qui mit sa tête entre ses mains.

Puis il répéta, en se parlant à lui-même, les dernières paroles de Noël Torrec :

— La Femme Blanche! une sainte!... Ni vilain ni gentilhomme n'attaquera madame Marguerite sans péril de mort!

Noël Torrec, après avoir échappé aux gens de Rohan dans la clairière sur la rive de l'Oust, avait poussé son cheval afin de les gagner de vitesse et d'arriver avant eux aux bacs de Rieux.

Nous disons les bacs, parce qu'il y en avait deux, l'un au-dessus, l'autre

« Où est le passeur? » cria-t-il. (P. 176.)

au-dessous du confluent de l'Oust et de la Vilaine, de sorte que, pour traverser cette première rivière, il fallait, pour ainsi dire, faire le tour de son embouchure et passer deux fois la Vilaine.

L'enfant n'avait nullement prémédité l'acte audacieux que nous venons de le voir accomplir ; mais l'occasion, l'envie de punir l'odieuse proclamation de Plélan, le désir de se procurer un meilleur cheval pour hâter sa course et diminuer le danger de madame Marguerite l'avaient déterminé. Il avait entendu, de la rive gauche, les appels répétés des soldats de Rohan, et il s'était mis à la place du passeur agonisant.

Toute cette nuit, il courut à franc étrier sur la route de Vannes, comptant gagner de là Hennebont, puis Concarneau, puis Quimper, suivant l'itinéraire que lui avait tracé Toussaint le veneur. Mais pour être intelligent et intrépide, Noël n'en était pas moins un enfant : dans son imprévoyante impatience, il força son cheval, et arriva à Vannes à pied, soutenu par un bâton de houx qu'il avait coupé sur la route.

A Vannes, il fit la rencontre d'un brave homme auquel il confia qu'il avait besoin d'une monture et qu'il possédait de reste ce qu'il fallait pour l'acheter.

Le brave homme auquel il parlait ainsi se souvint subitement qu'il avait à faire un pieux pèlerinage à Sainte-Anne d'Auray, qui se trouve à moitié chemin entre Vannes et Hennebont, ce qui lui permettrait d'accompagner son jeune maître une partie du voyage et de le garder contre tout péril.

Chantepie était bavard et aimait fort la compagnie ; il accepta. Le brave homme se procura deux chevaux, attacha à son côté une longue rapière, de peur des voleurs, et tous deux partirent pour Auray.

A deux lieues de Vannes, le brave homme se mit en travers du chemin et tira sa longue rapière.

— Que faites-vous ? demanda Chantepie.

— Papiste maudit ! répondit son camarade, tout moyen est bon pour dépouiller les damnés tels que toi. J'ai feint un pèlerinage, parce que ces momeries inspirent la confiance à tes pareils ; mais je suis de la vache à Colas !... Ta bourse !

Chantepie n'avait qu'un petit poignard, et regretta fort les deux longs pistolets qui pendaient aux côtés de la selle du capitaine. Il tira sa bourse et la jeta au milieu du chemin.

— Ne bouge pas encore, dit le huguenot, qui descendit de cheval et saisit, par précaution, la bride de celui de Noël. Donne-moi maintenant cette petite croix d'or qui pend à ton cou.

— Elle vient de ma mère, murmura Chantepie les larmes aux yeux; de ma mère qui est morte !

— C'est touchant, mon jeune maître ! donne toujours.

Noël ôta le cordon qui suspendait à son cou la petite croix, et la remit au bandit.

— A présent, reprit celui-ci, je ne te demande plus qu'une chose : cet anneau qui brille à ton doigt.

C'était l'anneau de la dame de Malestroit.

— Jamais ! s'écria l'enfant avec énergie ; plutôt mourir mille fois !

Et, tirant son poignard, il prit résolument une attitude de défense.

Noël se me ten défense.

Renot et Plélan.

CHAPITRE V

PAUVRE NOEL!

En voyant Chantepie prendre une pose belliqueuse, le bandit éclata de rire.

— Penses-tu te mesurer avec moi ? dit-il.

Noël voulut le frapper de son petit poignard ; mais le huguenot le désarma sans effort.

Le pauvre Chantepie n'était point ici sur son élément. Au milieu des marais, avec une bonne perche à la main et son bateau neuf sous ses pieds, il n'eût pas craint la longue rapière du bandit ; mais là, en plein grand chemin, monté sur un piètre cheval dont il n'était plus maître, il se sentit gagné par le désespoir, et eut recours à la prière.

— Laissez-moi mon anneau, dit-il ; par pitié, laissez-le-moi.

— Tu tiens donc bien à cet anneau ?

— Plus qu'à ma vie.

— Alors il faut qu'il soit précieux, et je prétends l'avoir.

Une lutte s'engagea, lutte inégale, et dont l'issue se pouvait facilement prévoir. Noël sentit sa main broyée par la main de fer de son antagoniste ; mais il ne lâchait point prise et continuait de défendre son trésor.

Tout à coup le brigand s'arrêta et tendit l'oreille.

— Misérable ! s'écria l'enfant, on vient à mon secours !

— On viendra trop tard, répondit le huguenot.

Et voulant mettre fin à la lutte d'un seul coup, il frappa Noël de son épée.

Le pauvre enfant tomba baigné dans son sang ; mais le bandit ne put recueillir le fruit de son lâche assassinat. Une nombreuse cavalcade se montra au détour du chemin, et il n'eut que le temps de ramasser la bourse et de fuir à toutes jambes.

La cavalcade se composait de bons pèlerins qui allaient faire leurs dévotions à madame sainte Anne. La troupe s'arrêta à la vue de Noël qui gisait au milieu du chemin. Chacun mit pied à terre ; on s'empressa autour du blessé, qui fut mis sur un brancard fait à la hâte et porté jusqu'à la ferme voisine, puis les bons pèlerins déposèrent une offrande entre les mains du maître de la ferme et continuèrent leur route, heureux d'avoir trouvé à faire une charitable action.

Lorsque Chantepie reprit ses sens, après un long évanouissement, il se trouva couché sur un lit. Le souvenir lui revint. Il souleva sa main.

— Elle y est, murmura-t-il en baisant la bague avec une sorte de passion : je ne l'ai point perdue !

Epuisé par cet effort, il retomba sur sa couche et s'endormit.

De retour au château de la Roche-Bernard, après son expédition de Malestroit, Guy de Plélan mit ses émissaires en campagne pour savoir où s'était retirée Marguerite de Guer.

Il se regardait désormais comme engagé d'honneur à poursuivre la guerre à mort qu'il avait déclarée à Malestroit. Faible d'esprit, mais possédant ce grossier courage du soudard qui n'a rien de commun avec l'intrépidité noble qui est la bravoure des héros, il se sentait d'autant plus attiré vers cette entreprise qu'elle lui présentait de plus terribles dangers. Il croyait fermement, en effet, que son épée, dans cette circonstance, n'aurait point à combattre des hommes mortels formés comme lui de chair et d'os. La Femme Blanche des marais se présentait sans cesse à son imagination frappée, et lui laissait deviner dans l'avenir de nouveaux et mystérieux périls.

Or, Guy de Plélan, fanfaron par nature, bravait de loin ces périls qui l'avaient si fort épouvanté de près, et défiait ses fantastiques ennemis, tant qu'il les sentait à distance.

— Mort de moi! disait-il, que vienne cette Ermengarde avec son page Chantepie, et je les pourfendrai tous deux!

Il disait cela le jour surtout; la nuit, quand le vent du nord pleurait dans les jointures des hautes fenêtres de la Roche-Bernard, quand les boiseries gémissaient et craquaient, quand les orfraies jetaient du haut de la toiture leurs cris stridents et funèbres auxquels répondait le grincement de la girouette limant son axe de fer rouillé, le vaillant capitaine appelait près de lui Blaise ou quelque autre homme d'armes, afin d'avoir à qui parler. A ces heures, il jurait moins et buvait davantage, jusqu'à ce que, ayant bu comme il faut, il retrouvât le courage de jurer convenablement.

Souvent il passait ainsi de longues heures avec Blaise. Quoi qu'il pût faire, sa préoccupation finissait toujours par percer, et les noms d'Ermengarde et de Chantepie, qu'il unissait dans sa haine comme dans sa secrète frayeur, sortaient continuellement de sa bouche, accompagnés d'un choix de malédictions dont les blasphémateurs de notre temps n'ont point gardé la recette.

Blaise, qui était un sceptique, laissait dire son capitaine ou faisait chorus; mais, dans son for intérieur, il était persuadé que Chantepie et la Femme Blanche étaient, l'un un enfant hardi et bien avisé, l'autre, un peu de poussière au fond d'une tombe et un peu de brouillard sur les marais.

Quoi qu'il en fût, les recherches de Guy de Plélan demeuraient sans résultat. Il y avait deux mois qu'il était oisif à la Roche-Bernard, et rien ne lui avait été appris touchant la retraite de la dame de Malestroit et de son fils.

En désespoir de cause, Guy résolut de chercher par lui-même, et partit un beau matin pour Malestroit, pensant que Marguerite, si elle n'avait pas rejoint son époux, devait avoir choisi son asile chez quelqu'un de ses vassaux.

En arrivant au château, Blaise lui dit au débotté :

— Messire Guy, voici du nouveau : il y a dans la cour extérieure un rustre qui prétend posséder d'importants secrets. Il demande à vous entretenir.

— Qu'on me serve à souper! répondit le capitaine.

— Et le manant?

— Quel manant?

— Celui qui demande à vous entretenir.

— Qu'il aille au diable !... et qu'on me serve à souper.

— A votre volonté, dit Blaise. Pourtant ce rustre pourrait savoir, par chance, où se cache la dame de Malestroit.

Guy de Plélan jeta un regard cauteleux vers le portrait de madame Ermengarde, qu'il avait brutalement mutilé naguère, lors de sa première visite au château. Ermengarde avait la moitié du visage emportée; mais l'œil unique qui lui restait semblait avoir pris une expression menaçante et lançait, par l'étroite ouverture de sa paupière demi-close, tant de sinistres éclairs, que le bon capitaine se sentait frémir et n'avait plus d'espoir que dans le vin pour vaincre sa superstitieuse frayeur.

— Qu'on me serve à souper! répéta-t-il pour la troisième fois, d'une voix qu'il voulait rendre impérieuse, mais où perçait une secrète détresse.

Blaise se hâta d'obéir.

Resté seul, Guy de Plélan se prit à parcourir la salle à grands pas. Il était tout blême; ses lèvres remuaient convulsivement. Chaque fois qu'il passait devant cette partie de la tapisserie où était répétée l'image d'Ermengarde, il fermait les yeux et pressait le pas. Pourtant une mystérieuse et invincible attraction semblait l'entraîner vers cette image redoutée : il y revenait toujours.

Enfin, son front se couvrit d'une subite rougeur. Il saisit un flambeau et marcha résolûment vers la tapisserie, qu'il regarda en face.

Il regarda longtemps.

— C'est bien la légende que me conta ce démon de Chantepie, murmura-t-il; la sorcière qu'il veut faire passer pour une sainte sourit et appelle, tandis que le pauvre chevalier français... Mort de mon sang! ajouta-t-il en s'interrompant tout à coup, le Français me ressemble trait pour trait!

Il leva son flambeau, et se mira dans une petite glace à compartiments, suspendue entre deux croisées. Soit qu'il y eût réellement du rapport entre la physionomie du Français et la sienne, soit que son imagination frappée eût troublé sa vue, la glace lui envoya, au lieu de son image, celle du chevalier représenté sur la tapisserie.

Le flambeau s'échappa de ses mains.

— Au secours! cria-t-il d'une voix étouffée; je crois que la maudite veut m'étrangler! Le gouffre va s'ouvrir et se refermer sur mes membres broyés... Au secours!

Le flambeau s'était éteint. Guy, plongé subitement dans l'obscurité et en proie à un véritable délire, tira son épée et engagea contre son ennemi imaginaire un combat furieux.

— A toi, sorcière! dit-il enfin, en plongeant son épée jusqu'à la garde dans la tapisserie.

La présence de Blaise, qui arrivait avec un valet chargé de vins et de mets, fit tomber à l'instant le transport du capitaine.

Néanmoins, en retirant son épée fichée dans la tapisserie, il vit avec une certaine horreur que, au lieu de percer Ermengarde, il avait traversé le cœur du Français.

— Mort de mes os! grommela-t-il; tout ceci est diabolique; mais il ne sera pas dit que Guy de Plélan a reculé devant un cauchemar... A boire!

Il se versa coup sur coup plusieurs gobelets de vin et reprit bientôt l'attitude hautaine qui convenait à un lieutenant de Rohan.

— Ne m'as-tu point parlé d'un vilain qui demande audience? dit-il à Blaise; fais qu'on l'introduise.

Blaise sortit et rentra presque aussitôt, suivi par un paysan à mine basse et hypocrite, qui s'approcha les yeux baissés, en tortillant dans ses doigts la mèche d'un énorme bonnet de laine. C'était un homme de cinquante ans. Ses cheveux grisonnants, plantés sur le front et rejoignant presque de gros sourcils hérissés, donnaient à sa figure une expression de méchanceté que démentait en vain le complaisant et perpétuel sourire d'une large bouche garnie d'un puissant râtelier.

Plélan, qui vidait en ce moment son dixième verre, avait recouvré sa gaieté.

— Voici un vilain qui n'est pas beau! s'écria-t-il en éclatant de rire. Comment te nomme-t-on, mon compère?

— Renot, si ça plaît à monseigneur.

— Ça me plaît. D'où viens-tu?

— De Gourlâ, en Saint-Vincent, de l'autre côté des marais.

— Oui-dà! et que me veux-tu?

Renot se gratta l'oreille et renforça son sourire.

— On s'est laissé dire là-bas, répondit-il, que monseigneur donnerait quelque chose de bon pour retrouver madame Marguerite...

— Tu sais où elle est? s'écria vivement Plélan.

— Nenni donc, par ma fà! répondit le rustre avec une égale vivacité.

Plélan, qui s'était levé, se rassit d'un air d'humeur.

— Ça, c'est la vérité, reprit le paysan; qui donc me l'aurait dit où qu'elle est? mais quoique ça, je m'en méfie.

— Tu l'as deviné?

— Nenni donc! Respect de vous, notre maître, je n'ai pas dit ça. Je ne fais que m'en méfier un brin... On bavardait là-bas, par autour de Gourlâ, et on disait censément que monseigneur donnerait plein un bonnet d'écus nantais...

— Je l'ai promis; je le tiendrai!

— Plein un bonnet comme ça? demanda Renot, dont l'œil gris se releva subitement, brillant d'une extraordinaire et sauvage avidité.

Et il déploya son bonnet, démesurément long et large, dont la mèche roula jusqu'à terre.

— Vertubleu! s'écria Blaise, voici un futé compère! On mettrait facilement dans son bonnet trois têtes comme la sienne, et, par-dessus le marché, celle de sa monture qui est un baudet.

Plélan lui imposa silence d'un geste.

— Ton bonnet est gourmand, mon homme, dit-il; n'importe, je l'emplirai de nantais.

Le rustre fit une gambade et cligna rapidement de l'œil.

— Parle, continua Plélan; où est la dame de Malestroit?

— Où elle est? répéta Renot d'un air étonné.

— Ne le sais-tu point?

— Nenni donc, je ne vous mens pas! mais je m'en méfie assez.

Guy de Plélan n'était pas plus patient que le commun des batailleurs de son temps. L'astucieuse simplicité de Renot le mit en grande colère, et il sentit venir sur ses lèvres l'ordre de le faire pendre à l'un des clous qui avaient servi naguère à ses deux hommes d'armes; mais il se retint, connaissant les façons cauteleuses du paysan de Bretagne vis-à-vis de ses supérieurs, et se borna à dire froidement :

— Ce brave homme n'est point en état de gagner la récompense promise ; qu'on le fasse sortir du château !

Renot s'inclina gauchement et fit quelques pas vers la porte ; mais, avant d'arriver au seuil, il se retourna.

— Si ça plaît à monseigneur, dit-il, on va convenir de quelque chose.

— Parle ; mais dépêche !

— V'là donc ce que c'est : Monseigneur placera une sentinelle sur le bord du marais..... de ce côté-ci, bien entendu ; car il ne faut pas effrayer le gibier qu'on veut prendre au piége. Cette sentinelle dormira le jour, si ça lui convient ; mais elle veillera la nuit, et, quand elle verra un feu briller au haut de la montée de Saint-Vincent, ce sera signe que monseigneur pourra passer l'eau avec ses hommes d'armes — et ce qu'il faut de nantais pour remplir mon pauvre bonnet.

— Tu me livreras Marguerite ?

— Nenni donc ! mais je vous dirai où j'me méfie qu'elle est.

Plélan sourit et fit un signe de tête en manière de consentement. Renot remonta sur son baudet pour regagner les marais.

Il y avait bien longtemps que Chantepie était parti. Marguerite de Guer vivait, solitaire, en son petit manoir de Gourlà, et ne quittait point la chambre secrète, car Toussaint le veneur avait eu vent des promesses de Guy de Plélan. Or, il savait les riverains des marais bien pauvres ; en tout pays, la pauvreté conseille le mal : Toussaint craignait tout et se défiait de tous.

Un homme, entre autres, éveillait ses soupçons. C'était un éterpeur (1) de landes d'assez méchante renommée, qui demeurait au bourg Saint-Vincent. Cet homme, qui n'était autre que Renot, rôdait plus souvent qu'il n'était besoin autour du manoir, et passait parfois des journées entières, sous prétexte d'aiguiser son éterpe, à regarder les fenêtres de Gourlà.

Toussaint l'avait menacé plus d'une fois de sa tuette ; mais Renot, guidé par cet instinct que nous ne saurions comparer qu'au flair d'un limier, se « méfiait » et cherchait.

(1) On nomme *éterpe* ou *étrèpe*, dans le Morbihan, une sorte de hoyau plein et tranchant, avec lequel les paysans tondent les landes.

— Ne soyez pas dur comme ça pour le pauvre monde, mon joli maître, disait-il à Toussaint ; en ce temps maudit les hérétiques courent les champs, on aime à se reposer près de la demeure d'un serviteur de la sainte Eglise. Quel mal voyez-vous à cela?

Toussaint hochait la tête. Quelque chose lui disait que ce misérable était un traître, un espion ; mais, n'ayant point de preuve, il n'osait le chasser de force, craignant d'exciter quelques rumeurs dans le pays.

Pour parer à ce danger qu'il ne pouvait éloigner directement, il redoublait de surveillance auprès de sa maîtresse. Marguerite n'avait point la permission de sortir, si ce n'est parfois lorsque la nuit était bien obscure. Alors elle revêtait un habit de paysanne, et, appuyée sur le bras du veneur, elle se rendait aux bords du marais. Tous deux regardaient avidement l'autre rivage ; ils regardaient, car d'un instant à l'autre, une flamme brillant au milieu des ténèbres entre les arbres de la Forêt Neuve pouvait leur annoncer que l'heure de la délivrance était venue.

Mais nulle flamme ne paraissait de l'autre côté du marais. Les jours passaient, puis les semaines, puis les mois, et rien n'annonçait la fin de cette captivité pleine de périls.

Qu'était devenu Noël Torrec? Le pauvre enfant avait-il pu supporter les fatigues et surmonter les périls du voyage ? Il était brave, mais il était faible ; et, dans ces temps malheureux, il y avait tant d'obstacles que les hommes dans la force de l'âge ne pouvaient point soulever !

— Pauvre Noël ! pensait la vieille mère Toussaint. Il était si beau, si bon, si généreux !

— J'aurais dû partir à sa place, se disait le veneur.

— Le malheureux enfant a succombé en voulant me servir ! pensait la dame de Malestroit.

Et tous trois répétaient en pleurant :

— Pauvre Noël !

C'était vers la Toussaint qu'était parti le jeune messager, et la fin de l'année approchait. On était au jour de la naissance du Sauveur.

Il ne restait plus guère d'espoir de voir l'enfant revenir.

Madame Marguerite passa bien tristement ce jour de Noël que l'Eglise célèbre dans l'allégresse comme l'une des plus grandes de ses fêtes. Elle ne pouvait sortir, et ne mêlait point sa voix aux chants des villageois catholiques, disant les louanges du Seigneur. Le son des cloches de la paroisse de Saint-Vincent venait la chercher jusqu'au manoir, et il lui était interdit de répondre à ce pieux appel.

— Toussaint, dit-elle, lorsque le soir fut venu, je voudrais aller prier Dieu au pied de la croix du marais.

— Ma noble maîtresse, répondit le bon serviteur, la lune brille au ciel : sortir serait sans doute imprudent à cette heure.

— Qui pourrait donc me voir? s'écria Marguerite avec quelque impatience. Qui pourrait me reconnaître sous mes habits de vassale ?... Toussaint, c'est aujourd'hui le saint jour de Noël ; le pauvre enfant qui portait ce nom est mort peut-être, mort pour moi ! Je veux m'agenouiller dans la poussière du chemin et prier pour lui. Je le veux !

Toussaint ne répliqua pas. Peut-être le respect n'eût-il point suffi à lui fermer la bouche ; mais le nom prononcé de Noël, qu'il aimait plus qu'un père n'aime son fils, lui amollit le cœur. Il secoua tristement la tête et garda le silence.

— Merci, ma noble dame, merci ! murmura la vieille Marthe, dont les yeux s'étaient remplis de larmes ; merci d'avoir pensé à Noël, notre bien-aimé. Allez ! Dieu exaucera votre prière ; et Noël, s'il n'est plus de ce monde...

Elle ne put achever.

— Non ! oh non ! reprit-elle, Noël n'est pas mort. Mes pauvres yeux le reverront avant de se refermer pour jamais.

Marguerite de Guer dissimula sa noble taille sous les plis d'une mante de bure et sortit appuyée sur le bras de Toussaint.

Comme ils passaient le seuil, le veneur crut voir une ombre se glisser derrière la haie du chemin. Il rentra et prit une arbalète de chasse.

Tout le long du chemin, la dame de Malestroit se réjouissait et aspirait avec délices l'air pur de la campagne. Le vent était froid et piquant. Toussaint, lui, semblait inquiet. Il s'arrêtait parfois, et son œil interrogeait les hautes palissades de pierre, qui bordent presque tous les champs dans cette partie de la Bretagne. A deux ou trois reprises, il crut voir encore une forme humaine marcher avec précaution derrière les palis.

Arrivée au pied de la croix des marais, la dame de Malestroit s'agenouilla et fit une courte prière. Puis elle se releva, et Toussaint, joyeux à son tour, pressa le pas sur la route du manoir.

— Mon reliquaire! dit tout à coup Marguerite en s'arrêtant, j'ai perdu mon reliquaire.

Ils étaient à deux cents pas tout au plus de la croix. Toussaint, en se retournant, put voir, sur les marches, un objet répercuter les rayons de la lune et briller dans l'ombre. Il prit sa course aussitôt.

Mais avant qu'il eût fait la moitié du chemin, un homme franchit les palis du champ voisin, courut à la croix, et se saisit du reliquaire.

— Je m'en méfiais assez! grommela le voleur en fuyant de toute la vitesse de ses jambes.

Toussaint avait reconnu d'un coup d'œil Renot, l'éterpeur de landes. Il épaula vivement son arbalète et le carreau partit en sifflant.

Renot poussa un cri aigu et plaintif; mais il n'était que blessé sans doute, car il atteignit la haute lande avant que Toussaint pût le viser de nouveau, et disparut dans les ajoncs.

— Madame, dit Toussaint d'un ton grave en rejoignant Marguerite, l'écusson de Malestroit est-il gravé sur votre reliquaire?

— C'était un don d'Amaury, mon époux, répondit Marguerite; l'émail du couvercle porte les sept macles d'or de Guer, écartelées de la rose rouge de Malestroit.

— Alors, murmura Toussaint avec accablement, que Dieu nous soit en aide! Notre secret est aux mains d'un traître, qui, demain, le vendra peut-être pour un peu d'or!

Toussaint tire sur Renot.

Noël rencontre des moines sur des mulets.

CHAPITRE VI

DEUX SIGNAUX AU LIEU D'UN

Pendant ce temps, Noël Torrec poursuivait son voyage.

Il était resté plus d'un mois malade dans cette ferme, des environs d'Auray où il avait été recueilli après sa mésaventure. Noël s'impatientait grandement de ce retard ; mais il se consolait en pensant qu'il avait toujours au doigt l'anneau de madame Marguerite, cet anneau qui devait lui servir de gage de créance auprès du sire de Malestroit.

Un matin donc, faible encore et se ressentant quelque peu de sa blessure, il prit congé des bonnes gens qui l'avaient secouru, et se mit en chemin. Il n'avait plus de cheval, et son escarcelle était vide ; mais, en revanche, il avait le cœur léger et savourait ce bien-être général qui suit une heureuse convalescence.

Il allait, chantant tout le long de la route. Quand il se sentait appétit, il demandait un morceau de pain pour l'amour de Dieu ; quand le sommeil le prenait, il faisait son lit dans une grange.

Parfois, quand il s'arrêtait chez quelque riche laboureur, il gagnait place à table et bon lit en chantant ses gaies chansonnettes de village, ou en récitant la légende de la Femme Blanche des marais. On l'écoutait alors, on le fêtait ; les ménagères, au départ, glissaient quelques provisions dans la besace et quelques deniers dans son escarcelle. Il chantait si bien et disait couramment ses histoires ! Et puis, cette pâleur inaccoutumée que lui avait laissée sa blessure allait si bien à son blanc visage encadré de beaux cheveux noirs bouclés !

Il arriva ainsi, marchant à petites journées et s'égarant de temps à autre par les chemins déserts, il arriva en vue de la cité de Quimper. Ce fut un moment de grande joie, car là était le terme du voyage. Mais la joie fut de courte durée. Noël chercha des yeux les tentes et les pennons armoriés de MM. de Guer et de Malestroit ; si loin que pussent se porter ses regards, il ne vit rien.

Partout la lande aride, coupée d'étroites bandes de chaume aux endroits cultivés ; çà et là quelques arbres tondus et rabougris ; au loin, de grises montagnes se confondant avec les nuages gris de l'horizon.

Mais nulle part ce mouvement que porte après soi une troupe de gens de guerre ; nulle part, dans la plaine, ces groupes de soudards fourrageurs, poursuivants et poursuivis ; nulle part ces étincelants reflets que dispersent en gerbes les nobles armures, même sous le pâle soleil de Cornouailles.

Chantepie baissa tristement la tête. Il eût donné un an de sa vie pour ouïr le son belliqueux du cor de Malestroit ; il eût entendu avec transport, comme on écoute une musique délicieuse, le fracas des couleuvrines de la ville où le bruit sec et strident de l'arquebusade ; mais, de même qu'il ne voyait rien, il n'entendait rien.

— Messire Amaury aurait-il rencontré la mort avec tous ses vassaux ? se demanda-t-il, ou bien le vais-je trouver dans l'oisiveté du triomphe en cette cité de Quimper, qui m'apparaît morne et silencieuse au détour du chemin ?

Comme il se faisait cette question, appuyé sur son bâton de voyage, il vit s'ouvrir la porte de la ville. Quelques vieillards, montés sur des mulets, passèrent le seuil, puis la porte se referma sur eux. A mesure que les vieillards approchaient, Noël distingua leurs frocs et leurs larges tonsures. Il reconnut en eux des moines, et courut tout joyeux demander la bénédiction des bons pères.

— Que Dieu te bénisse ! enfant, dit le premier des moines d'une voix lente et triste ; que Dieu te bénisse ! si tu es dans le giron de la sainte Église ;

qu'il te bénisse encore, si tu es huguenot ; car il nous est ordonné de rendre le bien pour le mal.

— Je suis catholique, répondit Noël, et me rends à Quimper pour faire tenir un message à Malestroit, mon seigneur.

Le premier religieux n'avait point arrêté sa mule ; les autres passèrent en silence, se bornant à figurer au-dessus de Noël le signe de la bénédiction.

Il en fut ainsi jusqu'au dernier, qui était un frère convers chargé d'infirmités et de vieillesse. Celui-ci était plus triste encore que ses supérieurs. Sa tête chenue se courbait jusque sur l'encolure de sa mule ; il poussait de gros soupirs, et une larme se suspendait aux cils blanchis de sa paupière.

— Mon fils, dit-il à Noël, tourne le dos à Quimper, si tu es serviteur de l'Eglise. Depuis deux jours les hérétiques sont maîtres de la ville, et nous voilà, nous, chassés de notre retraite et courant au hasard sans savoir où nous reposerons, la nuit venue, nos membres fatigués. La volonté de Dieu soit faite !

— Et monsieur de Guer ? et le sire de Malestroit ? demanda Noël, dont le cœur se remplit d'angoisse.

— C'étaient de bons chrétiens et de vaillants seigneurs ! répondit le moine en hochant la tête.

— Sont-ils donc morts ?

— Il y a trois jours, Monsieur de Guer a passé de vie à trépas dans les murs de notre couvent, hélas ! que je ne verrai plus !... Quant à messire Amaury, on dit qu'il a pu faire retraite à la tête de quelques cavaliers.

— Et où le trouverai-je, mon père ?

— Je ne sais... Que Dieu te garde, mon fils ! la route est longue, et je suis bien vieux !

Le moine, à ces mots, piqua sa mule afin de rejoindre ses supérieurs.

Noël s'assit sur l'herbe mouillée au rebord du chemin. D'amers sanglots soulevaient sa poitrine ; il sentait son courage s'engourdir.

— Vaincu ! Malestroit ! mon seigneur ! murmurait-il ; vaincu, fugitif... mort peut-être !

Puis il ajoutait avec désespoir :

— Qui sauvera désormais madame Marguerite ?

Et il pleurait. A force de pleurer, il s'endormit. Il eut un rêve étrange.

Il vit la dame de Malestroit abandonnée au milieu des marais et poursuivie par un monstre hideux. Lui, Noël, était trop faible pour combattre le monstre.

Il appela la Femme Blanche et lui montra Marguerite qui se mourait.

— Protégez-nous, dit-il, sainte Ermengarde, si vous êtes dans le ciel aux pieds de Dieu, car nous n'avons plus de secours à espérer sur la terre !

La Femme Blanche étendit ses deux longs bras. D'une main elle saisit Marguerite qu'elle mit dans un des plis de sa robe de brouillard ; de l'autre, elle étouffa le monstre dont elle jeta les membres broyés dans le tournant.

Noël s'éveilla en sursaut. Des pas lourds de chevaux de guerre ébranlaient le sol. Noël se frotta les yeux et, à la faible lueur du crépuscule, qui était descendu pendant son sommeil, il vit des cavaliers s'approcher. Les cavaliers venaient de Quimper.

Noël franchit vivement le talus sur lequel il s'était endormi et se tapit derrière la haie.

Les cavaliers riaient, chantaient et s'entretenaient : on voyait luire çà et là les mèches de leurs arquebuses.

— Or çà, mes fils, disait celui qui marchait en tête, il vous faudra bientôt retenir vos langues, si nous voulons surprendre le sanglier dans sa bauge et l'abattre sans qu'il nous fasse sentir ses défenses.

— Bah ! répondit un autre, ses défenses sont coupées, et nous aurons bon marché de ce gibier édenté !

— Prenez garde ! reprit le premier : Malestroit, si bas que nous l'ayons mis, s'acculera, et, avant que nous sonnions sa mort, plus d'un parmi vous aura vidé les arçons.

Chantepie mit la main sur son cœur pour en contenir les battements précipités. Il se coula sans bruit le long de la haie pour suivre les cavaliers et tendit avidement l'oreille. On disait :

— Il mourra comme est mort le vieux de Guer... un vaillant soldat !

— Un vaillant soldat, oui. Combien Malestroit a-t-il conservé d'hommes d'armes ?

Le rêve de

— Je ne sais au juste, répondit en riant le chef du détachement. Son camp, qui est à deux lieues d'ici, sur le chemin de Faouët, se compose de quatre tentes percées.

Les cavaliers huguenots poussèrent en chœur un éclat de rire.

— Avec soixante arquebuses que nous sommes, dit l'un d'eux, et l'avantage que nous donne une surprise, Malestroit n'aura pas beau jeu.

Ils continuèrent de causer ainsi bruyamment et sans se contraindre pendant une demi-heure, puis le silence s'établit dans leurs rangs.

Noël les suivait toujours. Il ne savait point le lieu précis où campait Amaury de Malestroit, et ne pouvait aller le prévenir.

— Cachez vos mèches! dit tout à coup le chef des huguenots à un détour du chemin.

Les cavaliers exécutèrent cet ordre aussitôt.

Chantepie s'élança sur le talus de la route, au risque d'être découvert, et aperçut un feu qui brillait dans la campagne. Alors il prit sa course et s'efforça de devancer le détachement. Mais les cavaliers, à mesure qu'ils approchaient, pressaient le pas davantage, et Noël était bien las. Tout ce qu'il pouvait faire était de se tenir toujours au niveau du front des huguenots. Il se désespérait, sentant qu'il arriverait trop tard.

Heureusement les cavaliers n'avaient nul soupçon de sa présence. A portée d'arquebuse du camp, ils s'arrêtèrent pour prendre à loisir leurs dernières dispositions. On distinguait alors parfaitement les soldats de Malestroit, assis ou couchés autour d'un grand feu. Debout, à l'écart, une douzaine d'hommes d'armes tenaient conseil. C'était tout ce qui restait de l'armée qui avait traversé victorieusement naguère la basse Bretagne, sous les ordres du bâtard de Lorraine, lieutenant de M. de Mercœur.

Chantepie, épuisé de fatigue, retrouva force en ce moment. Il franchit rapidement la distance qui le séparait du camp et vint tomber, haletant, aux pieds de Malestroit.

— Fuyez, dit-il, le temps est passé de se défendre. Soixante arquebuses sont braquées sur vous en ce moment.

Amaury détourna vers lui son regard calme et hautain.

— Qui es-tu, pour conseiller à Malestroit de fuir? demanda-t-il.

— Hélas! monseigneur, dit Noël qui mit un genou en terre, je suis votre soumis vassal, et je viens de par madame Marguerite requérir votre secours.

— Marguerite! s'écria le sire de Malestroit en pâlissant.

— Fuyez! par pitié, fuyez! reprit Chantepie. Qui protégera, si vous succombez, madame Marguerite et son cher fils?

Amaury passa la main sur son visage. Il regarda vers la route de Quimper et vit briller dans l'ombre des points lumineux.

— Il y a là-bas, en effet, des arquebuses! dit-il.

Puis, se tournant vers les soldats couchés près du feu:

— Alerte! cria-t-il d'une voix contenue; rampez vers les tentes et saisissez vos armes.

Si prudemment que fût exécuté ce mouvement, il n'échappa point aux soldats huguenots, qui s'ébranlèrent et franchirent au galop la distance restant encore entre eux et les gens de Malestroit.

— Haut la mèche! cria le chef.

Soixante détonations suivirent de près ce commandement.

— Malestroit! Malestroit! pour Notre-Dame de Bruc! cria à son tour Amaury, qui avait enfourché son cheval.

Quelques soldats se relevèrent çà et là; la plupart avaient été balayés par l'arquebusade.

Mais au moment où les huguenots se réjouissaient et criaient: A sac! la messe! Amaury, sortant de l'ombre à la tête de ses douze hommes d'armes, vint fondre sur eux à l'improviste. Ce fut une horrible mêlée. Chaque fois que Malestroit levait sa lourde épée, un homme tombait. Au bout de quelques minutes, une vingtaine de huguenots, désarmés, blessés, malmenés, reprenaient à toute bride la route de Quimper.

— Où est l'enfant qui nous a donné l'alarme? demanda Amaury en essuyant son épée sur la crinière de son cheval.

Chantepie se présenta. Il tenait, lui aussi, une épée à la main, — une épée sanglante.

— Tubleu! s'écria joyeusement Amaury, nous voici munis d'un homme d'armes de plus, ce me semble!... Quel âge as-tu, vaillant champion?

Chantepie ne répondit point et baissa tristement la tête.

— Plût au ciel, monseigneur, dit-il, que tous ces braves soldats qui sont là couchés dans la poussière, fussent debout à ma place et capables encore de monter à cheval ! Ce n'est pas moi qui les pourrai remplacer, et madame Marguerite...

— Marguerite ! interrompit Malestroit, je n'ai pas voulu te laisser parler avant de combattre, parce qu'il est des paroles qui amollissent le cœur d'un chevalier ; mais maintenant, qu'est-il arrivé ?

Chantepie ôta de son doigt l'anneau de madame Marguerite, qu'il tendit à son seigneur. Amaury le porta à ses lèvres.

— Si je l'avais vu, murmura-t-il, je serais parti d'ici sans tirer l'épée !

— Et bien vous auriez fait, monseigneur, car le temps presse.

Ici Chantepie raconta la prise de Malestroit et la fuite de Marguerite. A mesure qu'il avançait dans son récit, le front d'Amaury se rembrunissait. Le pauvre seigneur parcourait du regard son camp jonché de cadavres et comptait avec désespoir les quelques hommes d'armes qui lui restaient.

— N'importe, dit-il enfin, à cheval !

— Il me reste encore quelque chose à vous dire, reprit Chantepie. Une fois durant mon voyage, je me suis trouvé face à face avec Guy de Plélan.

— Et qu'as-tu fait ?

— Je l'ai frappé au visage en l'appelant traître et lâche.

— Toi ! s'écria Malestroit étonné.

— Ensuite, poursuivit Noël, je lui ai jeté mon gant, le provoquant, au nom d'Amaury de Malestroit, mon seigneur, à un combat mortel et sans merci.

— Bien, enfant ! bien de par Notre-Dame ! Tu as fait acte de noble homme, et je te dis merci de grand cœur... A cheval ! à cheval !

Les débris de la petite troupe se rangèrent autour de leur chef, et tous partirent au galop sur le chemin de Vannes.

Marguerite de Guer regagnait tristement le manoir de Gourlâ. Elle était affligée de la perte de son reliquaire, seulement parce que c'était un don de son époux, et ne prévoyait point les suites funestes de ce malheureux événement.

Il n'en était pas de même de Toussaint. Le bon veneur soupçonnait depuis.

longtemps Renot d'être un espion de Plélan, ou tout au moins un misérable cherchant à découvrir la retraite de sa maîtresse pour la vendre aux huguenots. L'empressement que Renot avait mis à se saisir du reliquaire au péril de sa vie, sa présence aux environs du manoir à cette heure, tout concourait à changer ses doutes en certitude.

— Si seulement, pensait-il en frappant sur son arbalète, j'avais eu ma bonne carabine, au lieu de ce joujou d'enfant, le drôle ne tiendrait pas entre ses mains, à l'heure qu'il est, le sort d'une noble maison... En attendant, il nous faudra, dès demain, choisir une autre retraite. Et Dieu sait quelle retraite nous pourrons choisir !

Tel était le sujet des méditations de Toussaint, lorsque, au moment de quitter la verte pelouse du marais pour prendre le sentier rocheux qui montait vers Gourlâ, Marguerite s'arrêta et poussa un cri.

— Voyez ! voyez ! dit-elle en montrant l'autre rive.

— Le signal ! s'écria Toussaint en passant subitement de la tristesse à la joie la plus vive. Béni soit Dieu qui nous vient en aide au moment du péril !

Une flamme, faible d'abord et voilée par la fumée, brillait au milieu des arbres de la Forêt Neuve. Bientôt elle s'élança en jets de pourpre et illumina les troncs dépouillés de feuillage.

— Sauvés ! Nous sommes sauvés ! s'écrièrent en même temps la châtelaine et le fidèle serviteur.

Ils retournèrent en toute hâte au manoir. La première idée de Toussaint fut de faire monter la dame de Malestroit et son fils dans le chaland, pour aller au-devant de Noël et du secours que sans doute il amenait ; mais Toussaint se souvint des périls que sa maîtresse avait courus déjà en semblable traversée. Depuis ce temps, les eaux avaient considérablement grandi ; le marais était devenu un vaste lac, dont les courants rapides et sujets à changer de place exigeaient l'habileté pratique d'un batelier de profession.

Le veneur résolut d'amener le secours à sa dame au lieu de conduire sa dame vers le secours en bravant inutilement un grand péril, et, changeant à tout événement son arbalète pour sa lourde carabine à rouet, il courut détacher le chaland de Noël et quitta aussitôt la rive.

C'était bien le signal de Chantepie qu'il avait vu.

Chantepie et le sire de Malestroit en attendaient l'effet, abrités derrière les arbres de la Forêt Neuve. La lune s'était cachée sous un nuage épais ; on ne voyait rien sur le lac, si ce n'est l'immense profil de la Femme Blanche, dont les contours se détachaient vaguement sur l'horizon et semblaient rayonner une lueur phosphorescente.

Noël, comme s'il eût voulu percer l'obscurité, jetait devant lui d'avides regards ; il n'apercevait rien.

— Si nous étions venus trop tard ! dit le sire de Malestroit dont la voix trahissait une émotion poignante.

— Chut ! fit Noël au lieu de répondre.

Il venait d'entendre sur le marais un bruit qui n'était point celui du tournant de Trémeulé.

— C'est mon père Toussaint, dit-il.

Le sire de Malestroit prêta l'oreille ; mais il fallait être enfant des marais pour saisir à cinq cents toises de distance le son d'un aviron qui fend l'eau au milieu des mille fracas d'une inondation furieuse. Le sire de Malestroit n'entendit rien.

— Ecoutez ! dit encore Chantepie.

Et mettant ses deux mains roulées en cornet devant sa bouche, il fit entendre ce cri étrange et prolongé particulier aux campagnes du pays de Vannes, qui, étouffé d'abord, va *rinforzando* sur deux cadences dissonantes, pour s'éteindre dans une note basse et gutturale.

L'effet fut tout autre que celui auquel il s'attendait.

Deux cris pareils lui répondirent en même temps. L'un venait du large ; l'autre sortait des profondeurs de la forêt.

— Nous ne veillons pas seuls, dit Chantepie à voix basse, et ce chaland qui vient là n'est pas pour nous peut-être... Pourtant, je veux mourir si ce n'est pas le coup d'aviron de mon père le veneur !

Comme il achevait ces mots, une lueur subite sautilla en sillonnant le lac. Noël et le sire de Malestroit levèrent la tête, suivant d'instinct l'angle de réflexion, et virent un feu allumé sur le haut de la montée de Saint-Vincent, à quelques cents toises, sur la gauche du petit manoir de Gourlâ.

— Qu'est-ce que cela ? demanda le chevalier.

— Je ne sais, répondit l'enfant ; mais ce qui se passe ici ce soir n'est pas naturel, monseigneur.

Un coup d'arquebuse retentit dans la forêt, à peu près à l'endroit d'où était parti ce second cri, qui avait étonné Chantepie, et presque aussitôt on entendit les pas de plusieurs chevaux qui descendaient vers les marais.

— Mort de mes os ! s'écria l'un des cavaliers en passant si près du sire de Malestroit qu'il aurait pu le toucher de la main, nous les tenons cette fois, mes fils, la louve et son louveteau, et le rustre qui nous les livre aura plein son grand bonnet de nantais !

— C'est Guy de Plélan, murmura Chantepie.

Malestroit toucha son épée et voulut s'élancer à sa poursuite ; mais Noël le retint.

— Quand je ramènerai madame Marguerite sur le bord, dit-il, il faut qu'elle trouve un époux, et son fils, un père. Monseigneur, gardez précieusement votre vie, pour ne point laisser sans appui ceux qui vous sont chers.

Amaury chercha dans l'ombre la main de l'enfant pour la serrer comme celle d'un ami.

Depuis la visite de Renot au château, Plélan avait établi une sentinelle dans la forêt, et à quelque distance, dans la cabane d'un garde, un détachement de ses gens, toujours prêts à passer l'eau dès que se montrerait le signal promis. Lui-même venait souvent visiter ce poste d'attente et jurait, mort de tous ses membres ! que ce drôle de Renot lui paierait cher ses retards.

Il se trouva justement à la maison du garde lorsque le feu parut sur la colline de Saint-Vincent, et, averti par le coup d'arquebuse de la sentinelle, il se hâta de gagner les bords du marais.

Pendant qu'il s'embarquait à grand bruit sur un bateau plus vaste et mieux construit que les pauvres barques du pays, le chaland de Toussaint abordait silencieusement la rive.

Chantepie, qui guettait ce moment, sauta près de son père d'adoption et saisit la perche.

Puis, comme si elles se fussent donné le mot, les barques ennemies portant l'une Plélan, l'autre Noël, quittèrent en même temps le rivage.

La sentinelle

Toussaint fait fuir Marguerite.

CHAPITRE VII

LE TOURNANT DE TRÉMEULÉ

On voyait encore briller d'une lumière mourante, au milieu de la forêt, le feu allumé par Chantepie. Celui de Renot jetait de rouges éclats et dessinait sur le lac une traînée de pourpre. Le sire de Malestroit, resté seul au rivage, essayait de tromper son angoisse en songeant au bonheur d'une réunion tant souhaitée; mais l'angoisse revenait, plus forte; elle s'emparait de son cœur et changeait l'espoir en crainte, le bonheur en tortures.

Ce feu, dont les reflets se teignaient de sang en traversant l'atmosphère humide des marais, était aussi un signal. Ce signal avait mis en mouvement Plélan et ses soldats : ce devait être un suprême danger pour Marguerite.

Et si c'était un danger, l'épée de Malestroit absent ne pèserait point dans la lutte. Il lui fallait attendre, — attendre au moment du péril!

Les deux barques n'allaient point d'une égale vitesse. Celle de Plélan, montée de six hommes d'armes et conduite par deux bateliers de hasard, tâtonnait dans l'obscurité complète qui couvrait le lac et perdait du temps à éviter les courants. Celle de Chantepie courait en droite ligne comme une flèche lancée vers le but. Quand le fond donnait, Noël laissait les avirons au veneur et pesait sur sa perche ; puis il ressaisissait les rames, et le chaland volait, effleurant l'eau de sa carène plate et sans quille.

— Hardi ! mon fils Noël, disait Toussaint. Ce feu qui brille là-bas est un signal de Judas, et voici venir derrière nous ceux qui paieront les trente deniers.

— La Femme Blanche est passée, répondit Noël ; nous avons un quart d'heure d'avance, il ne nous faut pas cinq minutes pour gagner le manoir ; madame Marguerite sera près de nous avant qu'ils aient touché le rivage.

— Cela ne suffit pas, Noël.

Toussaint prononça ces mots avec lenteur, et, touchant l'épaule de l'enfant, il montra du doigt le ciel.

Un large voile de nuages couvrait toute la partie sud-ouest du firmament. L'air était calme ; cet immense rideau, immobile et coupé uniformément vers le zénith, laissait à découvert une moitié du ciel.

— La lune est à son second quartier, poursuivit Toussaint. Dans un quart d'heure elle argentera la frange de ce nuage, dans vingt minutes nous verrons apparaître l'anneau roussâtre qui l'entoure, et puis...

— Mon père Toussaint, s'écria Noël, êtes-vous bien sûr que la lune soit si haut déjà ?

— Je la vois, répondit le veneur, je la sens sous le nuage qui la couvre encore... Hardi ! mon fils Noël, car le salut de madame Marguerite et de son fils est entre tes mains.

— Père, nous la sauverons ! dit l'enfant avec énergie.

Ils n'entendaient plus le bruit des avirons de l'autre barque ; mais la voix de Plélan, pressant et gourmandant ses rameurs, arrivait jusqu'à eux.

Lorsqu'ils touchèrent le rivage en face du manoir, la lune était encore sous le nuage ; seulement les légères vapeurs qui flottaient au zénith blanchissaient et semblaient s'illuminer de mystérieuses lueurs. Toussaint s'élança et prit en courant le chemin de Gourlâ. Comme il arrivait au manoir, il leva la tête et vit au ciel un cercle roussâtre que l'arête du nuage coupait à son milieu.

— Vite, ma noble dame, vite ! cria-t-il du seuil.

Marguerite était prête. Toussaint prit l'enfant de Malestroit dans ses bras, et tous deux descendirent en toute hâte le chemin conduisant aux marais.

Juste au moment où ils débouchaient sur la pelouse, la lune montra son étroit rebord hors du nuage, et les pointes des petites vagues du lac se prirent à scintiller au loin. Chantepie, qui avait l'œil au guet, découvrit, à trois ou quatre cents pas sur la gauche, la barque de Plélan qui faisait force de rames.

— Courez! dit-il.

Marguerite traversa la pelouse. Elle touchait du pied le chaland, quand la lune, démasquant son disque avec lenteur, inonda les marais de ses rayons.

— Cachez-vous ! s'écria Noël ; étendez-vous au fond du chaland !

Marguerite obéit ; mais il était trop tard : sa robe blanche, vivement et soudainement éclairée, avait frappé les regards des gens de Rohan. Plélan l'avait devinée, sinon reconnue.

— Ramez! drôles, dit-il d'une voix étranglée par la colère ; si cette proie m'échappe, ce sera tant pis pour vous !

La barque huguenote vira. Au lieu de continuer sa route vers le rivage, elle manœuvra de manière à barrer le passage du chaland de Noël, qui avait pris chasse, comme disent les marins, et fuyait rapidement.

Les marais de l'Oust avaient complétement changé d'aspect depuis la première traversée de la dame de Malestroit. Deux mois s'étaient écoulés depuis lors ; les eaux avaient grandi, couvrant çà et là les îles et promontoires qui montraient encore leurs têtes au commencement de l'automne. Un seul point restait découvert sur toute la surface du lac.

C'était une espèce de cap formé par le prolongement de la chaîne de collines où était situé Gourlà. Il existe encore et s'avance fort loin dans le marais ; il porte le nom de Pointe-aux-Halbrans. En hiver, lors de la plus grande hauteur des eaux, l'isthme disparaît. Il ne reste que la pointe qui, gardant la moitié de son nom, s'appelle alors l'Ile-aux-Halbrans.

Elle s'élève à l'endroit où les marais de l'Oust atteignent leur plus grande largeur et se trouve sur la ligne qui couperait perpendiculairement le cours de la rivière, en passant par le tournant de Trémeulé.

Les deux barques couraient parallèlement au rivage. Noël attendait une occasion favorable pour changer de route et se diriger vers son véritable but, auquel il tournait le flanc ; mais il dut voir bientôt que cette occasion ne se présenterait point. En effet, loin de gagner du terrain, malgré l'aide empressée du veneur, il perdait à chaque instant quelque chose de son avantage. Le bateau de Plélan, poussé par quatre avirons et mieux construit que le sien, grandissait aux rayons de la lune et menaçait de l'acculer bientôt au rivage.

Les deux équipages ennemis pouvaient se distinguer mutuellement presque aussi bien qu'en plein jour. Chantepie avait compté six hommes d'armes dans le bateau de Plélan ; mais ce dernier ne voyait plus sur le chaland que Toussaint et Noël. La dame de Malestroit, éperdue et plus morte que vive, restait couchée sur les planches humides de la cale.

— Blaise, dit-il à son confident ordinaire, regarde ce jeune drôle qui manie si drextrement la rame là-bas sur le chaland

— Je le vois, répondit Blaise.

— Ne trouves-tu pas qu'il ressemble à ce maudit lutin qui me vola mon cheval au bac de Rieux ?

Blaise regarda attentivement, puis se redressa en silence.

— Hé bien ? fit le capitaine.

— Messire, dit Blaise en secouant la tête, mon avis est que l'enfant est, comme votre seigneurie et moi, en chair et en os ; mais c'est un bambin qui vaut un homme ; et même, s'il faut le dire, j'aimerais à voir un homme à sa place, là-bas.

— Ainsi, tu le reconnais ?

— Oui, messire.

Plélan fit tourner autour de son cou le cordon d'une énorme gourde qu'il approcha de ses lèvres.

— Hé bien ! Blaise, dit-il en reprenant son haleine après avoir bu, me voici en face de mes deux ennemis : là le lutin, ici la sorcière !

Il étendait la main vers la Femme Blanche des marais.

— Mort de moi ! continua-t-il, j'étranglerai le lutin et je cracherai à la face de la sorcière !

— Ni l'un ni l'autre ! répondit la voix de Noël.

Plélan se sentit frémir.

— Blaise, dit-il en pâlissant, parlais-je donc si haut tout à l'heure que l'oreille d'un homme ait pu m'entendre à pareille distance ?... N'importe, fût-il le diable, je lui tordrai le cou! Ramez! vous autres.

La barque de Plélan avait gagné du terrain. Elle était maintenant éloignée du chaland de deux cents pas à peine. Les deux bateaux se trouvaient aux deux bouts d'un angle aigu dont l'Ile-aux-Halbrans formait le sommet. Suivant toutes probabilités, le chaland de Noël devait doubler l'île en dedans et la barque du côté du large. Or, comme le rivage, au delà de l'île, se resserre et court en biais, de manière à former l'entonnoir qui termine le lac à l'ouest, le dénoûment approchait rapidement.

— Laissez là votre perche et préparez la carabine, père Toussaint, dit Noël à voix basse ; ce n'est plus la vitesse qui pourra nous sauver.

Le veneur lâcha la perche avec découragement.

— Voyons, reprit Noël, si vous êtes aussi bon tireur qu'autrefois.

— A quoi bon tuer un homme? dit tristement le veneur: le sort est contre nous, j'ai oublié ma corne à poudre et je n'ai qu'une charge.

— Elle suffira avec l'aide de Dieu... Ecoutez, père Toussaint, leur barque vire ; elle vient sur nous : tant mieux ! Apprêtez votre arme, et visez l'aviron de droite, au moment où il sortira de l'eau... attention !

Le coup partit, et la balle vint frapper l'aviron à la naissance de la pelle. Il ne fut point brisé du choc ; mais lorsque le rameur le plongea de nouveau, il éclata sous son effort ; la barque, boiteuse, tourna sur elle-même et fut quelque temps à reprendre sa route.

Pendant que Plélan jurait et que ses rameurs essayaient d'équilibrer leurs forces, Noël doubla l'Ile-aux-Halbrans.

— Père Toussaint, reprit-il rapidement, il faut nous séparer ici.

Le veneur leva sur lui son regard étonné. Chantepie poursuivit d'un ton ferme, presque impérieux :

— Il faut nous séparer, vous dis-je ! Je suis trop faible pour lutter contre les rameurs de Rohan, et le salut de madame Marguerite n'est point dans ce chaland. Soulevez-la, descendez à terre, et cachez-vous avec elle derrière les saules.

— Mais... voulut objecter le veneur.

— Faites vite ! interrompit Noël avec impatience. J'entends la barque.

elle va doubler l'île !... Au revoir ! mon père Toussaint. Vous et ma noble dame, vous êtes de trop pour le combat que je vais livrer aux huguenots.

Toussaint, dominé par l'empire que l'enfant avait su prendre sur lui, obéit sans répliquer davantage. Il prit dans ses bras nerveux Marguerite et sauta dans l'île avec son fardeau avant que la barque de Plélan fût revenue en vue.

— Au revoir ! répéta Chantepie, qui fit force de rames en remontant le marais.

Les rameurs de Plélan s'étaient attendus à cette dernière manœuvre sans doute, car ils se trouvèrent prêts à continuer la chasse dans cette nouvelle direction.

Chantepie, une fois seul sur son chaland, aspira l'air bruyamment, comme un homme délivré d'un poids écrasant. Ensuite il appuya sur ses avirons pour essayer son chaland ainsi déchargé ; il vit à n'en pouvoir douter, qu'il pouvait désormais échapper à la poursuite de Plélan. Mais ce n'était point son compte. Loin de continuer ses efforts, il se prit à nager avec nonchalance, de manière à diminuer graduellement la distance qui séparait les deux barques.

Plélan, qui croyait Marguerite de Guer au fond du bateau exhalait sa joie en bruyantes exclamations.

— Nous les tenons ! criait-il. Blaise, tordrai-je le cou au lutin tout de suite, ou attendrai-je que nous soyons à terre pour le faire pendre ?

— Ce sera, répondit Blaise, comme il vous plaira, messire.

La position du chaland semblait, en effet, désespérée. Il avait traversé, toujours poursuivi de près, la distance précédemment parcourue en sens contraire, et avait regagné les environs de Gourlâ. Or, de ce côté comme de l'autre, le lac se rétrécissait sensiblement, de telle sorte que le chaland n'avait d'autre alternative que de s'acculer au rivage ou de couper le marais dans sa largeur, ce qui l'amènerait infailliblement à portée de la barque de Plélan.

Ce fut ce dernier parti que prit Noël ; mais, se servant de la supériorité actuelle de sa marche, il esquiva l'abordage, et réussit à mettre la barque entre le rivage et son chaland.

C'était tout ce qu'il voulait, sans doute ; car il recommença aussitôt à nager mollement, sans prendre souci de la distance qui diminuait sans cesse entre son bateau et celui de Plélan.

— Blaise, dit ce dernier, dont l'espoir déçu se changeait en colère, il faut en finir. A défaut d'arquebuses, nos hommes ont leurs pistolets, je pense ?

— J'ai les miens, répondit Blaise.

Les autres, dans la précipitation de départ, n'avaient pris que leurs épées.

Plélan saisit les pistolets que lui tendait Blaise, en promettant au reste de ses gens de les faire pendre sitôt qu'il aurait du loisir ; puis il s'arrangea commodément pour viser. Le premier coup ne produisit d'autre effet que de donner l'éveil à une bande d'oiseaux aquatiques qui prirent bruyamment leur volée.

Chantepie envoya, en réponse, un couplet de sa chanson favorite.

— Démon ! murmura Plélan, qui arma le second pistolet. Mais je ne vois plus que lui ! Où donc est son compagnon ?.

— Messire, vous allez perdre votre dernier coup, dit Blaise ; nous ne sommes pas à portée.

Plélan se rassit en murmurant.

Cependant Chantepie avait gagné l'Oust, et les deux barques, entraînées par le courant, se suivaient avec une effrayante rapidité. A un quart de lieue en avant du chaland, la Femme Blanche dressait sa taille gigantesque au-dessus du gouffre qui mugissait terriblement.

— Où nous mène-t-il ? se demandaient les rameurs effrayés.

— Mort de moi ! s'écria enfin Guy de Plélan ; veulent-ils renouveler la farce d'Ermengarde ?... Sur ma foi ! je les suivrai, fût-ce en enfer !

A deux cents pas du tournant, le chaland vira et quitta le cours de l'Oust, puis il disparut derrière le brouillard.

— Suivez-le ! dit le capitaine.

Les rameurs se penchèrent de nouveau sur leurs avirons, et commencèrent à tourner autour du gouffre. Parfois on apercevait le chaland, mais aussitôt après on le perdait de vue, et la poursuite n'avait pour guide que la voix de Noël, qui avait entonné sa chanson et en répétait incessamment le refrain d'une voix lente et monotone.

Plélan ne disait plus rien. Il restait assis à l'avant, les dents serrées, les sourcils convulsivement froncés.

14

— Si je meurs, pensait-il, Marguerite me suivra, et je mourrai vengé.

Noël chantait toujours.

Le cercle allait se rétrécissant autour de la Femme Blanche ; les rameurs de la barque se signaient avec épouvante, les hommes d'armes tremblaient et n'osaient plus blasphémer.

Noël cessa de chanter.

— Guy de Plélan ! dit-il d'une voix retentissante, au nom de Malestroit, mon seigneur, je t'ai provoqué autrefois à un combat mortel et sans merci. Je t'ai dit : « Si monseigneur ne daigne venir aux jour et lieu que Dieu fixera, je viendrai, moi... » Or, me voici !

— Ramez, ramez ! cria Plélan en proie à une sorte de délire.

Noël rétrécit encore le cercle, et son chaland disparut dans les plis brumeux de la robe de la Femme Blanche.

Puis il reprit :

— Je t'ai dit encore : « Madame Marguerite est sous la tutelle de la Femme Blanche des marais, sainte Ermengarde, servante de la vierge Marie. Ni vilain ni gentilhomme ne l'attaquera sans péril de mort. »

Noël s'interrompit pour donner un dernier coup de rame, qui porta son chaland sur la lèvre même du gouffre.

— Ramez ! suivez-le ! ramez ! cria Plélan.

Et comme un des rameurs hésitait, il lui mit le pistolet sous la gorge.

— Or, vilains et gentilhommes, vous avez tous attaqué madame Marguerite, continua Noël, et vous allez tous mourir.

— Tu mens, démon ! hurla Guy de Plélan ; je vais t'atteindre toi et ta dame, et, mort de mon sang ! je vous tordrai le cou !

Comme il disait ces mots, le chaland, lancé avec une vigueur nouvelle par Chantepie, effleura la lèvre du tournant, et cessant aussitôt son mouvement circulaire sortit du brouillard. La barque voulut le suivre; mais plus lourde ou moins habilement dirigée, elle fut saisie par le gouffre.

On entendit Plélan vociférer un dernier blasphème, suivi du cri de détresse de son équipage, puis le gouffre rendit un bruit sourd.

Chantepie essuya la sueur de son front et revint à l'Ile-aux-Halbrans.

La barque de Plélan est saisie par le gouffre. (P. 210.)

Lorsque Toussaint ou madame Marguerite l'exhortaient à se hâter durant la traversée qui suivit, il répondait :

— Guy de Plélan n'est plus à craindre, et la Femme Blanche a protégé sa race.

Le lendemain, au château de Malestroit, Amaury dit à Noël :

— Tu as sauvé ma femme et mon fils ; veux-tu être mon écuyer ?

— Serai-je un jour chevalier demanda Noël. ?

— Sur ma foi de gentilhomme, tu le seras.

Noël réfléchit et baissa la tête.

— Les chevaliers ne se battent point sur l'eau, murmura-t-il tristement.

— Si fait, Noël, dit la dame de Malestroit. Il y a de vaillants hommes d'armées qui combattent montés sur des vaisseaux, au milieu de la mer.

— La mer ! s'écria Chantepie dont le jeune visage rayonna d'enthousiasme ! la mer ! Je l'ai vue sur les côtes de Cornouailles. Elle est grande... plus grande encore que les marais de l'Oust !

— Eh bien ! Noël, dit le sire de Malestroit, veux-tu être chevalier de la mer ?

— Je le veux ! répondit Noël avec joie.

— Donc, je t'enverrai demain, Noël, à monsieur mon cousin de Tinténiac, qui est maître d'un vaisseau du roi. Et si Dieu t'assiste, enfant, tu feras un noble homme.

Bien longtemps après, sur les ruines du petit manoir de Gourlâ, un vieux gentilhomme éleva un beau château, dans lequel il établit sa demeure avec sa femme et ses jeunes enfants.

Le château de Chantepie.

Le vieux gentilhomme était capitaine dans la marine de S. M. le roi Louis XIII. Il avait nom Noël Torrec.

Quant au château, il se nommait et se nomme encore Chantepie.

Ses hautes murailles dominent au loin tous les marais de l'Oust, et c'est dans sa grande salle, aux vastes embrasures, que nous avons entendu raconter pour la première fois la légende de la Femme Blanche des marais.

FIN DES CONTES DE BRETAGNE

TABLE DES MATIÈRES

A mes Enfants 7
Introduction 9
Le Joli Château 17
Anne des Iles 95
La Femme blanche des Marais 129

LIMOGES. — Imprimerie Marc BARBOU et Cⁱᵉ, rue Puy-Vieille-Monnaie.

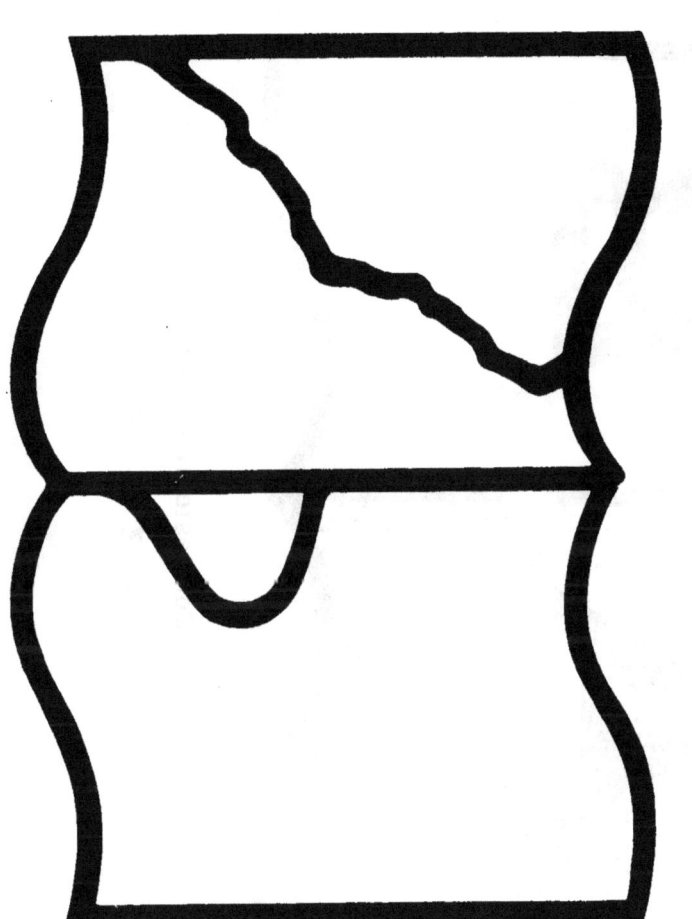

Texte détérioré — reliure défectueuse

NF Z 43-120-11

Contraste insuffisant
NF Z 43-120-14

www.ingramcontent.com/pod-product-compliance
Lightning Source LLC
Chambersburg PA
CBHW051917160426
43198CB00012B/1930